EL JUEGO DE LA CIENCIA

Descubre las plantas

David Suzuki
En colaboración con Barbara Hehner

ONIRO

Colección dirigida por Carlo Frabetti

Título original: *Looking at Plants*
Publicado en inglés por Stoddart Publishing Co. Limited

Traducción de Joan Carles Guix

Diseño de cubierta: Valerio Viano

Ilustración de cubierta: Horacio Elena

Ilustraciones del interior: Debbie Drew-Brooke

Distribución exclusiva:
Ediciones Paidós Ibérica, S.A.
Mariano Cubí 92 – 08021 Barcelona – España
Editorial Paidós, S.A.I.C.F.
Defensa 599 – 1065 Buenos Aires – Argentina
Editorial Paidós Mexicana, S.A.
Rubén Darío 118, col. Moderna – 03510 México D.F. – México

© 2003 exclusivo de todas las ediciones en lengua española:
   Ediciones Oniro, S.A.
   Muntaner 261, 3.º 2.ª – 08021 Barcelona – España
   (oniro@edicionesoniro.com – www.edicionesoniro.com)

ISBN: 84-9754-062-X
Depósito legal: B-10.545-2003

Impreso en Hurope, S.L.
Lima, 3 bis – 08030 Barcelona

Impreso en España – *Printed in Spain*

Índice

Para Severn, Sarika y Joshua con amor.

NOTA IMPORTANTE PARA NIÑOS Y ADULTOS

Verás este ✋ signo de advertencia en algunos
de los apartados titulados **EXPERIMENTO**.
Significa que debes pedir ayuda a una persona
mayor. Para realizar el experimento,
tal vez necesites utilizar agua hirviendo
o cortar algún objeto con un cuchillo.
Debes tener siempre mucho cuidado.
Y para que las personas mayores no se aburran
tanto, vamos a pedirles que colaboren
en los experimentos, ¿o es que sólo
van a divertirse los niños?

Introducción

Mis primeros recuerdos de la infancia relacionados con la naturaleza se refieren a los animales. Solía coleccionar insectos y criar peces. Al principio, no prestaba demasiada atención a las plantas, pues no corrían, volaban ni cantaban. Pero poco a poco empecé a amar a las plantas. Cada primavera recogíamos flores y henos consumibles, y aspirábamos los maravillosos perfumes de la retama y el lilá. En otoño recogíamos champiñones y setas, y dábamos largos paseos por el campo para deleitarnos con los colores del paisaje.

Las plantas no se pueden mover como lo hacemos nosotros. Han tenido que desarrollar toda clase de formas más o menos ingeniosas para protegerse de los predadores –ser comidas–, para perpetuar las especies y para enviar sus semillas a largas distancias. Son vitales para la vida de todo este planeta. Te darás cuenta de lo importantes que son si intentas imaginar cómo sería nuestro planeta sin ellas. El aire sería irrespirable, no habría nada que comer y la tierra se reduciría a una superficie de suciedad y rocas. Así pues, la próxima vez que salgas, mira una flor, un árbol o cualquier otra planta con ojos renovados. Descubrirás un sinfín de cosas que te asombrarán e interesarán.

DAVID SUZUKI

Las plantas que te rodean

REGLAS PARA LOS AMANTES DE LA NATURALEZA

1. No arranques todas las hojas y flores de una planta, sino sólo las que necesites.
2. Cuando cojas una flor, rompe o corta el tallo. No tires de la planta por las raíces.
3. No comas ni pruebes ninguna planta, baya o semilla que encuentres en el campo. Algunas plantas son muy venenosas. Consúltalo a un adulto.
4. No cojas una flor de un jardín o patio de alguien sin pedir permiso. Recuerda que en muchos parques y jardines públicos está prohibido coger flores.
5. No cojas una flor silvestre si sólo hay unas cuantas de su especie creciendo donde la encontraste. Si coges demasiadas, podría dejar de crecer definitivamente en ese lugar, y en tal caso, nadie podrá volver a disfrutar de nuevo de ella.

Plantas para desayunar, comer y cenar

¿Cuántas semillas has comido hoy? ¿Cuántas hojas y raíces? ¿Ninguna? Si había cereales o frutos secos para desayunar, comiste semillas. Los cereales son derivados del maíz, que es la semilla de una planta. El pan se elabora con harina, las semillas trituradas de la planta del trigo. Si había lechuga en un bocadillo o ensalada a la hora de la comida, entonces comiste hojas de una planta, y si había zanahorias para cenar, comiste raíces.

Es probable que ingieras alimentos vegetales en cada comida; te proporcionan minerales, vitaminas, azúcar, grasas y proteínas. Debes comer todas estas cosas a diario para estar fuerte y sano. Tal vez no te hayas dado cuenta de que estás comiendo hojas, semillas y otras partes de las plantas porque en ocasiones las procesamos –trituramos, desmenuzamos, cortamos, hervimos– antes de emplearlas para cocinarlas, y cuando por fin nos las comemos, estos alimentos han perdido una buena parte del aspecto de la planta de la que procedían.

La caña de azúcar es una planta herbácea que sólo crece en países de clima cálido durante todo el año. En la mayoría de los países desarrollados la gente nunca la ha visto, aunque todos hemos saboreado el azúcar. Los caramelos están elaborados con un elevadísimo porcentaje de azúcar, y el azúcar también se añade a las tartas, pasteles, helados y otros muchos alimentos. Procede de la savia que se aloja en el tallo de la planta.

El trigo, el centeno, la avena y el maíz son otras tantas plantas herbáceas que crecen en muchos países, pero a menos que vivas en una granja, es posible que nunca las hayas visto en estado natural, en el campo, ondeando en la brisa, sino sólo sus semillas (granos de maíz, por ejemplo) o su polvillo una vez trituradas (harina de trigo, por ejemplo). La harina se usa para elaborar pasta, bollos, tartas, pasteles y galletas. Todos estos alimentos contienen pedacitos de planta en su interior.

Las frutas son más fáciles de detectar como alimentos vegetales. Las naranjas, manzanas y cerezas son frutas jugosas y deliciosas, y cuando nos las comemos tienen el mismo aspecto que tenían cuando las cogimos de los árboles. Las frutas constituyen los recipientes de las semillas de las plantas. A menudo, sólo nos comemos los recipientes y tiramos las semillas. Algunas frutas, no obstante, tienen semillas muy pequeñas esparcidas en su interior, en cuyo caso nos las comemos junto con el recipiente. ¿Se te ocurre alguna fruta de este tipo?

Por su parte, los guisantes y las judías también son semillas. Tiramos los recipientes (vainas) y nos comemos el interior. ¡Exactamente lo contrario de lo que hacemos con las naranjas y las cerezas! En realidad, casi nunca comemos una planta entera. Con frecuencia, sólo una parte de la planta es buena para comer.

Las zanahorias, la remolacha y los rábanos son raíces. Las desenterramos y nos las comemos antes de que el resto de la planta crezca demasiado. Los espárragos y el apio son tallos. La lechuga, la col y las espinacas son hojas. Incluso comemos algunas flores. La coliflor, como su nombre indica, está cubierta de pequeños capullos de flor que acaban de crecer. El brócoli está revestido de pequeños capullos de flores verdes. En ocasiones, el brócoli se recoge algo más tarde que de costumbre, cuando las flores amarillas han empezado a aparecer. Si encuentras un brócoli que tenga un ligero aspecto amarillento, échale un vistazo con una lupa: verás sus pétalos diminutos.

Busca plantas en la cocina de tu casa (¡primero pide permiso!). Mira en el frigorífico y los armarios. No olvides el estante de las especias. Es probable que esté repleto de semillas (sésamo, pimienta, alcaravea), hojas (laurel, albahaca, romero) y quizá de corteza (las ramitas de canela son piezas de corteza enrollada). ¿De qué parte de la planta procedían los alimentos vegetales de tu colección? ¿Eres capaz de decirlo? Si todos los vegetales de tu cocina pudieran empezar a brotar y crecer, se formaría una auténtica jungla, ¿no es cierto?

DULCES GOLOSINAS DE LOS ÁRBOLES Imagina un racimo de crepes doradas y coronadas de un apetitoso jarabe de arce –¡uau!–. ¿Sabías que todo el jarabe de arce del mundo procede de Canadá oriental y del nordeste de Estados Unidos? El jarabe de arce se elabora cociendo la savia del arce plateado hasta que casi toda el agua se ha evaporado. Se necesitan alrededor de 40 litros de savia para hacer 1 litro de jarabe.

¿Cómo se extrae la savia del árbol? La savia es el alimento que el propio árbol elabora en verano para poder nutrirse. En invierno, permanece congelada en el interior del tronco, y cuando llega la primavera, se funde y empieza a fluir por las entrañas del árbol. La gente practica pequeños orificios en el tronco del arce y recoge la savia, que fluye goteando. Te gustará saber que este procedimiento no perjudica en lo más mínimo al árbol. Se suele recoger menos de un 10% de su alimento, de manera que sigue disponiendo de muchísimo para nutrirse. En realidad, algunos de los arces más sanos del mundo se han taladrado cada primavera durante casi un siglo.

Cuenco de semillas

¿Te gustaría empezar el día con un buen desayuno a base de semillas? ¿Cómo? ¿No estás seguro? No es tan raro como parece. Los cereales se elaboran prácticamente con semillas, algunas de ellas cultivadas, ¡y son deliciosos!

Material necesario

1,5 litros de avena triturada y precocinada
75 ml de semillas de sésamo
250 ml de germen de trigo
125 ml de coco en copos
125 ml de nueces trituradas (cómpralas
   ya trituradas en el supermercado
   o pide a un adulto que te ayude
   a hacerlo)
150 ml de aceite vegetal
125 ml de miel líquida
Cuenco
Cuchara
Cucharas y vasos medidores
Molde pastelero
Guantes para el horno
Espátula

Procedimiento

1. Precalienta el horno a 120 °C.
2. Mezcla todos los ingredientes secos en el cuenco (todo menos el aceite y la miel).
3. Vierte la miel y el aceite sobre la mezcla de ingredientes secos. Mézclalo todo a conciencia.
4. Esparce finamente el granulado en el molde pastelero, mételo en el horno durante una hora o hasta que esté dorado. Cada quince minutos saca la masa del horno con los guantes, dale la vuelta al granulado con la espátula y vuelve a meterlo en el horno. De este modo, se dorará por un igual por los dos lados.
5. Saca el granulado del horno y déjalo enfriar.
6. Guárdalo en un recipiente hermético. A ser posible, sírvelo con leche a modo de cereales a la hora del desayuno. También puedes añadirle pasas o frutas troceadas.

Pétalos caramelizados

¿Has comido alguna vez una rosa o una violeta? Ahora puedes. Constituyen una espléndida decoración para una tarta o un helado.

Material necesario

Pétalos naturales de rosa o violeta
Un huevo
Cuenco pequeño
Batidora de huevos
Azúcar
Molde pastelero
Bote de cristal grande con tapa
  de cierre hermético

Procedimiento

1. Elige unos cuantos pétalos naturales de rosa o violeta. (¡Pide permiso antes de arrancarlos!) No uses pétalos de flores que hayan sido pulverizadas con productos químicos o pesticidas.

2. Pide a un adulto que te ayude con el siguiente paso; es complicado. Casca un huevo y separa la yema de la clara. Por la clara en el cuenco (guarda la yema para cocinar cualquier otra cosa).

3. Bate la clara del huevo hasta que esté espumosa.

4. Sumerge pétalo a pétalo en la clara de huevo, sacúdelo un poco para eliminar el exceso de clara y espolvoréalo con un poco de azúcar.

5. Coloca los pétalos en un molde pastelero y sécalos en el horno durante 15 minutos a 66 °C. Guárdalos en un bote de cristal con tapa de cierre hermético.

Plantas de la despensa

¿Te gustaría empezar tu propia colección de plantas domésticas? Puedes cultivar nuevas plantas a partir de las hortalizas que tienes en casa. Veamos cómo:

I. Enredadera del boniato

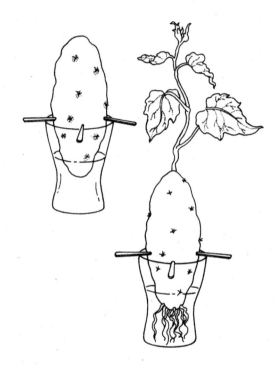

Material necesario

Boniato con muchos «ojos»
Vaso
3 mondadientes

Procedimiento

1. Llena el vaso de agua hasta la mitad.
2. Clava los mondadientes en el boniato como si se tratara de las barras de un volante. Los mondadientes deberían estar situados en el tercio inferior del boniato.
3. Coloca el boniato en el vaso, de manera que los mondadientes descansen en el borde.
4. Pon el vaso en un lugar iluminado, pero no bajo la luz directa del sol.
5. Añade agua al vaso cada dos días para que el boniato no se seque.
6. Transcurridos tres o cuatro días, las raíces empezarán a asomar por la parte inferior del boniato, y dos o tres días después, crecerán hojas en la parte superior.
7. A medida que vaya creciendo la enredadera, puedes enroscarla alrededor de una vara o dejar que se enrede por el marco de una ventana.

Material necesario

Zanahoria de gran tamaño
Pelalegumbres
Plato plano
Guijarros pequeños

Procedimiento

1. Llena un plato plano de guijarros pequeños.
2. Corta 5 cm del extremo grueso de la zanahoria.

3. Coloca el pedazo de zanahoria en el centro del plato lleno de guijarros, con el extremo cortado hacia abajo. Riégalo con regularidad. No tardarán en aparecer nuevas hojas por la parte superior de la zanahoria.

Este método también da excelentes resultados con nabos, chirivías y remolacha azucarera.

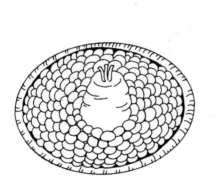

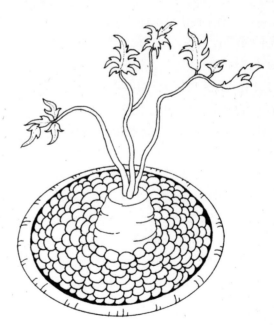

¿Dónde estaríamos
sin plantas?

¿**H**as visto en alguna ocasión una casa en lo alto de un árbol? Tal vez hayas tenido la oportunidad de ver alguna en el jardín de un amigo, en un libro o en televisión. Es divertido estar subido allí arriba, en la copa, entre un montón de ramas atestadas de hojas, aunque lo cierto es que podrías estar un poco apretujado y tiritar de frío por la noche. Y desde luego, ni se te ocurriría pasar allí durante todo el invierno. Es estupendo tener un apartamento o una casa en la que vivir.

Pero ¿sabes qué? Tu hogar también es una especie de casa en un árbol. Piénsalo un poco. Es probable que duermas sobre árboles, que te sientes sobre árboles y que camines de un lado a otro sobre árboles. La madera es un elemento omnipresente en tu casa (sillas, mesas, pavimentos, escaleras, puertas, etc.). Es fácil olvidar que toda esa madera procede de los árboles. Observa con atención una puerta sin pintar. Podrías ver las anillas que fue trazando el árbol a medida que iba creciendo. Hubo un día en el que la savia corría a través de esta madera. Hubo un día en que estaba viva.

Sin árboles tampoco podrías estar leyendo este libro. Sus páginas se elaboran a partir de la madera. La madera se descompone con la ayuda de un ácido para elaborar una pulpa cremosa. Luego, se prensa entre enormes rodillos para confeccionar el papel. Piensa en todo el papel que hay en casa (periódicos, revistas, libros, papel pintado en la pared, toallitas de papel, servilletas, pañuelos de papel y embalajes diversos de cartón y cartulina). La mayor parte de este papel procede de los árboles, aunque algunos de los papeles de mayor calidad se confeccionan con trapos de algodón y lino en lugar de madera. Sea como fuere, tanto el algodón como el lino también proceden de plantas.

Examina las etiquetas de las prendas de vestir que hay en casa. Es muy probable que algo que lleves puesto contenga algodón. El algodón procede de las largas y suaves hebras adheridas a las semillas de la planta del algodón, mientras que el lino, otro tejido de exquisita calidad que se utiliza en la confección de prendas de vestir, servilletas para el té y mantelerías, procede del tallo de la planta de su mismo nombre.

El burlap es un tejido que con toda seguridad no desearías ponerte jamás, pues es extremadamente áspero. Cuando se entreteje con las fibras de la planta del yute, su resistencia es extraordinaria. Se utiliza para fabricar sacos. Si tu familia ha comprado alguna vez un árbol o un arbusto en un vivero, es probable que hayas visto burlap envuelto alrededor de sus raíces para protegerlas. El cáñamo y el sisal también son plantas muy robustas. Ambas se emplean para confeccionar cuerdas y cordel.

Quizá no hayas oído hablar nunca del sapodilla, un árbol de América central, aunque es probable que hayas probado su savia. Se llama «chicle» y se utiliza como goma de mascar. La savia del árbol del caucho es mucho menos sabrosa, pero mucho más útil. Se usa en la fabricación de un sinfín de cosas, tales como neumáticos, pelotas y botas de goma.

Las plantas nos proporcionan algunas medicinas importantes. La morfina, que se elabora a partir de la adormidera, alivia el dolor agudo; la quinina, que se extrae de la corteza de la chinchona, se emplea en el tratamiento de la malaria, y la digital, un fármaco cardíaco, procede de una flor silvestre llamada dedalera.

Veamos algunos productos más derivados de las plantas y que contribuyen a que nuestra vida sea más placentera. El perfume se elabora a partir de las flores, hierbas y especias. El champú y el jabón contienen aceites vegetales, al igual que el óleo de los pintores. Muchos tintes, incluyendo el añil, un intenso color azul violáceo, proceden de las plantas. Así pues, sería difícil imaginar la vida sin todo lo que obtenemos de ellas.

LO QUE APRENDIMOS DE LAS AVISPAS Durante siglos, el hombre confeccionó el papel a partir de trapos de lino y algodón, casi de la misma forma en la que lo hacemos en la actualidad. Con el tiempo, se imprimieron más y más libros y periódicos, y en el siglo XVIII ya no había trapos suficientes para satisfacer la demanda de papel. Un francés que estudiaba los insectos, René-Antoine de Réaumur, observó que las avispas hacían sus nidos con papel. Las hembras mascaban pedacitos de madera hasta elaborar una pulpa pastosa, la extendían sobre el nido y cuando estaba seca... ¡papel! Réaumur sugirió buscar algunos productos químicos que descompusieran la madera para poder confeccionar papel como lo hacían las avispas. ¡Así pues, las atentas observaciones de unas cuantas avispas laboriosas constituyó el origen de la gigantesca industria papelera de hoy en día!

Elabora tu propio papel

Intenta elaborar un poco de papel a partir de un trozo de trapo viejo, es decir, tal y como se hizo durante siglos.

Material necesario

Trozo viejo de lino blanco (tal vez una vieja servilleta de té) de 15 × 15 cm

Almidón líquido para lavar la colada

Trozo de malla de alambre (de la que se usa para apantallar las ventanas) de unos 5 × 8 cm

Rodillo pastelero

Servilletas de papel

Cuenco grande

Periódico

Agua

Tijeras

Cazo pequeño

Gelatina en polvo incolora (cómprala en un colmado)

Cuchara

Vaso

Procedimiento

1. Recorta el lino en varios trozos de 3 × 3 cm y deshiláchalos con los dedos hasta que queden reducidos a un montón de hebras.

2. Coge un grupo de hebras y córtalas a pedacitos muy pequeños. Repite la operación hasta que hayas cortado todas las hebras.

3. Coloca todos los pedacitos de hebra en el cazo, cúbrelos con agua, pon el cazo al fuego y lleva el agua a ebullición, dejando que la mezcla de hebras hierva durante diez minutos.

4. Entretanto, elabora un poco de agua de almidón. Mezcla 250 ml (1 vaso) de almidón para lavar la colada con 750 ml (3 vasos) de agua en el cuenco grande.

5. Vierte las hebras de lino hervidas en el agua de almidón y remuévelas.

6. Sumerge la malla de alambre en el cuenco hasta que repose en el fondo. Sostén la malla bien nivelada y tira de ella hacia arriba muy lentamente. Debería quedar recubierta de una gruesa capa de hebras de lino. De no ser así, sacude la malla para que se despren-

dan las hebras y vuelve a intentarlo hasta que te satisfaga el resultado.

7. Coloca la malla de alambre (con la cara recubierta de hebras hacia arriba) sobre un buen montón de servilletas de papel para que se escurra el agua de las hebras.

8. Retira las servilletas de papel y pon la malla sobre un trozo de periódico, de nuevo con la cara recubierta de hebras hacia arriba.

9. Hierve un poco de agua en una tetera o cazo.

10. En un vaso, mezcla 5 ml (1 cucharadita) de gelatina con 15 ml (1 cucharada) de agua fría. Remuévela con una cuchara hasta que se disuelva. Luego, añade un poco de agua hirviendo al vaso hasta que queden aproximadamente 60 ml de líquido. Vierte alrededor de 30 ml (2 cucharadas) de este líquido sobre la malla recubierta de hebras.

11. Deja secar la capa de hebras sobre la malla durante toda la noche. Al día siguiente, extráela con cuidado de la malla. ¡Acabas de confeccionar una hoja de papel de lino!

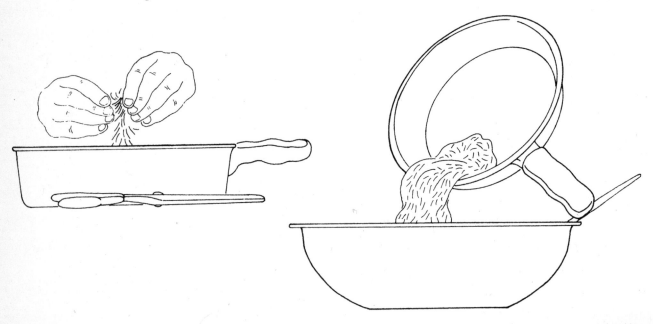

Tinta de baya

Así es cómo fabricaban la tinta los pioneros. Para utilizar tu tinta, necesitarás una pluma estilográfica o de plumilla. Pregunta a tus padres si te pueden prestar una. Si no tienen, quizá sepan dónde podrías comprarla.

Material necesario

Arándanos, moras, cerezas o fresas
   maduros
Vasos de papel
Tarritos de cristal (p. ej., de alimentos
   infantiles) o recipientes de yogur
   con tapa
Cuchara
Servilletas de papel

Procedimiento

1. Quita los tallos y las hojas de las bayas. Pon las bayas en un vaso de papel.
2. Prénsalas con el dorso de la cuchara hasta que estén blandas.
3. Añade un poco de agua a las bayas. (Cuanta más agua añadas, más pálido será el color de la tinta.)
4. Remueve las bayas y el agua con la cuchara hasta mezclar bien.
5. Coloca una servilleta de papel sobre un tarrito de cristal y empújala hacia dentro.
6. Vierte lentamente la mezcla de bayas en el tarrito a través de la servilleta.
7. Cuando todo el líquido haya drenado a través de la servilleta, tírala. El líquido que ha quedado en el tarrito es tu tinta. Ajusta la tapa en el tarrito y no lo abras hasta que vayas a usarla.
8. Repite este experimento con diferentes bayas para ver cuál es la que proporciona una tinta de mayor calidad. ¿Coincide el color de la tinta con el que esperabas obtener cuando elegiste las bayas?

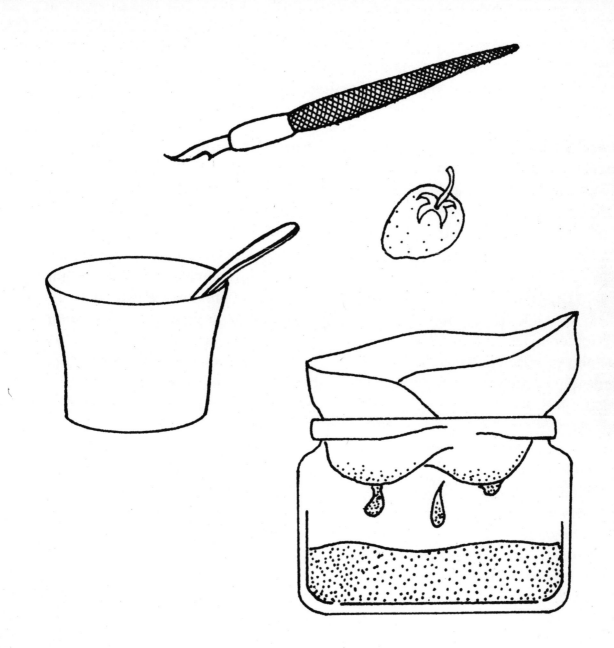

Tintes

Aunque la mayoría de los tintes que se usan hoy en día son sintéticos, siempre se puede teñir un tejido a la antigua usanza, es decir, con plantas. Tienes ante ti un proyecto extraordinario, al tiempo que divertido. Pide ayuda a un adulto.

Material necesario

Plantas para usar como tintes
(necesitarás alrededor de 2 litros
de cada una de ellas)
Alumbre desoxidante (en droguerías)
Cremor tártaro (en droguerías)
Agua
2 cazos de acero inoxidable o esmaltados
Piezas de tejido de algodón blanco
para teñir (los pañuelos son ideales)
Cuchillo picador y tablero picador
Varilla para remover
Colador

Veamos algunos de los colores que puedes elaborar:
amarillo (cáscaras de cebolla)
rojo (tallo y raíces de remolacha azucarera)
azul (arándanos)
verde (tallo y hojas de lirio de los valles)
violeta (raíces de diente de león)

Procedimiento

Primer día

1. Vierte 2 litros de agua en uno de los cazos, llévala a ebullición y añádele 60 ml de alumbre (4 cucharadas) y 30 ml de cremor tártaro. (Esta mezcla se llama «mordiente» y contribuirá a que el tinte coloree el tejido.)

2. Sumerge la pieza de tejido a teñir en el mordiente y déjalo hervir a fuego muy lento durante una hora. Remuévelo de vez en cuando.

3. Deja el tejido sumergido en el mordiente durante toda la noche.

4. Mientras la pieza de tejido está sumergida, puedes empezar a elaborar el tinte. Utiliza el tablero picador para cortar las plantas que hayas seleccionado.

5. Coloca las plantas trituradas en el segundo cazo, añade la cantidad justa de agua para cubrirlas y déjalas reposar durante toda la noche.

Segundo día

1. Hierve el tinte a fuego muy lento durante una hora y luego cuélalo con el colador. De este modo eliminarás todos los pedacitos de planta.

2. Extrae la pieza de tejido del mordiente, escúrrela en el fregadero y luego sumérgela en el cazo del tinte.

3. Lleva el tinte a ebullición y déjalo hervir a fuego muy lento durante una hora, removiéndolo cada diez minutos (utiliza la varilla para remover la pieza de tejido).

4. Transcurrida una hora, apaga el fuego, lleva el cazo hasta el fregadero, extrae la pieza de tejido con una varilla y escúrrelo bajo el chorro de agua corriente fría.

5. Cuélgalo para que se seque en un lugar seco y cálido. Presentará un color muy suave y atractivo.

Estudio de las plantas

Raíces y tallos:
«tuberías» para plantas

Imagina que estás de pie en un lugar en el que no puedes moverte. En realidad, tienes los pies enterrados en el suelo. El sol te da en la cabeza. No tardarás en sentirte sediento, pero no puedes ir a ninguna parte para conseguir un refresco.

Esto es lo que les ocurre a la mayoría de las plantas. Mientras que los animales andan, corren, saltan, nadan, reptan y vuelan de un lugar a otro, una planta permanece en un emplazamiento durante toda su vida. Está sujeta al suelo por la raíz, es decir, la parte de la planta que está enterrada bajo tierra. Las raíces evitan que el viento se las lleve volando. Si alguna vez has intentado arrancar un diente de león, habrás observado lo bien anclada en la tierra que puede estar una raíz.

Pero sin duda alguna, la raíz es mucho más que una simple ancla para la planta, pues le proporciona esa bebida que tanto necesita. El agua que hay en la tierra penetra en la raíz y asciende a través del tallo hasta llegar a las hojas y las flores. En el agua hay minerales disueltos que la planta necesita para crecer. (Cuando añades una cucharada de sal a un vaso de agua, se disuelve, pero sigue estando ahí –¡prueba el agua!– aunque no la veas.)

La raíz es fundamental para la planta, hasta el punto de ser la primera parte que crece cuando brota una semilla. La punta de la raíz está protegida por una pilorriza o cápsula, la cual, gracias a la humedad del medio, se desliza con facilidad entre las partículas del suelo. Cuando las raíces se ramifican y extienden, forman una telaraña que mantiene unida la tierra.

Existen dos tipos principales de raíces. Las raíces fasciculadas son finas y muy ramificadas. Si tiras de un puñado de hierba (¡pide permiso antes de hacerlo!), podrás verlas. Las raíces axonomorfas están formadas por una raíz principal, más gruesa, y otras más finas llamadas pelos radicales, que se ramifican a partir de la principal. Muchas raíces axonomorfas actúan a modo de almacén de alimentos, en cuyo caso se llaman napiformes, y dicho alimento también resulta nutritivo para el ser humano. Las zanahorias, chirivías y remolachas azucareras son raíces napiformes. Las arrancamos antes de que la planta tenga la oportunidad de utilizar los nutrientes almacenados para engendrar las hojas, flores y semillas.

¿Cómo llegan los nutrientes hasta las raíces para ser almacenados? Viajan a través del tallo. Mientras que el agua y los minerales ascienden por el tallo hasta las hojas, el alimento azucarado elaborado por las hojas desciende por el tallo hasta llegar a todas las partes de la planta. Todo este líquido que fluye a través de la planta se denomina savia, que la mantiene viva al igual que la sangre fluye por nuestro cuerpo y nos mantiene vivos.

Una larga columna de huesos –columna vertebral– nos permite mantenernos en posición vertical. Pues bien, las plantas hacen lo propio gracias al tallo, aunque en este caso no son los huesos lo que les permite adoptar una posición vertical, sino el agua, al igual que puedes conseguir que un globo adopte una forma redondeada y firme rellenándolo de agua o de aire. Las plantas sedientas suelen inclinarse, pero cuando las riegas, no tardan en recuperar su posición erguida. Los tallos sostienen las flores y las hojas, que son las partes de la planta que captan el aire y la radiación solar que necesitan.

ENREDADERAS VIGOROSAS Muchas películas quedarían a medias si el héroe o la heroína no pudieran escapar de los «malos» colgándose de una enredadera. Aunque las enredaderas que salen en las películas son simuladas, lo cierto es que en la naturaleza existen especies lo bastante robustas como para columpiarse de ellas sin temor a caerse. Se trata de las lianas, que crecen en las junglas de África y América del Sur. Las lianas son capaces de trepar por un árbol hasta 60 m con el fin de alcanzar el aire y la radiación solar que necesitan para subsistir. ¡Son tan fuertes que pueden sostener árboles gigantes que han muerto y que de no ser por su sujeción se vendrían al suelo!

UNA RAÍZ INCREÍBLE   El centeno, una planta herbácea, tiene trece millones de raíces, cada una de las cuales, a su vez, está revestida de finos pelos radicales ramificados (¡alrededor de 14.000 millones!). Si pudieras colocarla de punta a punta, cubrirían una distancia aproximada de 20.000 km. Pero el centeno se las ha ingeniado para compactarlas en apenas... ¡0,5 m³ de tierra!

¿QUÉ TAMAÑO PUEDE ALCANZAR UNA RAÍZ AXONOMORFA?   Una zanahoria de gran envergadura de las que puedes encontrar en cualquier tienda de frutas y verduras probablemente pese menos de 1 kg. (Compruébalo tú mismo con una balanza de cocina.) ¿Eres capaz de imaginar una raíz axonomorfa trece veces más grande que esa zanahoria? Una variedad de campanilla o dondiego de día, la «patata silvestre», tiene una raíz axonomorfa que pesa casi 14 kg... ¡y es comestible! La patata silvestre era un alimento muy importante para los indios y primeros colonos europeos de América del Norte.

Salvatierras

Veamos cómo se las arreglan las raíces para mantener unida la tierra.

Material necesario

Bote de cristal
Agua
Paquete de semillas de rábano
  o de mostaza
2 vasos de papel
Alrededor de 500 ml de tierra abonada

Procedimiento

1. Pon seis semillas en el bote y cúbrelas de agua durante dos o tres días. Empezarán a brotar.

2. Echa tierra en los dos vasos de papel hasta tres cuartas partes.

3. Planta los brotes en los vasos, déjalos crecer durante dos semanas y riégalos un poco cada día (lo suficiente para mantener la humedad de la tierra).

4. Transcurridas dos semanas, separa los vasos de la tierra. ¿Qué aspecto tienen las raíces? ¿Qué forma ha adoptado la tierra? ¿Comprendes por qué necesitamos las plantas para que el viento no disperse la tierra?

EXPERIMENTO

Succión

¿Realmente es posible que las raíces y los tallos bombeen el agua hacia arriba a través de la planta? Compruébalo con el siguiente experimento.

Material necesario

Un tallo grande y fresco de apio
   con varias hojas
Una zanahoria grande
2 botes o vasos de cristal
Colorante rojo o azul para alimentos
Pelalegumbres

Procedimiento

1. Corta 2 cm de la base del tallo de apio y otros 2 cm del extremo fino de la zanahoria.
2. Vierte agua en los botes hasta llenar unos 5 cm.
3. Colorea el agua con colorante para alimentos. El agua debe adquirir un azul o rojo intenso.
4. Pon el tallo de apio en un bote, con el extremo cortado hacia abajo, y la zanahoria en el otro bote, también con el extremo cortado hacia abajo.
5. Déjalos en reposo durante veinticuatro horas.
6. Veamos primero el apio. ¿Qué les ha sucedido a las hojas? ¿Qué crees que ha ocurrido?
7. Saca del agua el tallo de apio y practica un corte de 2 cm por encima del primer corte. ¿Qué ves en su interior? ¿Puedes adivinar adónde fue el agua?

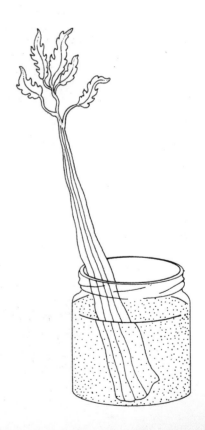

32

8. Ahora decapa ligeramente el tallo de apio con el pelalegumbres. Al desaparecer la corteza exterior podrás apreciar los conductos coloreados a lo largo del tallo.

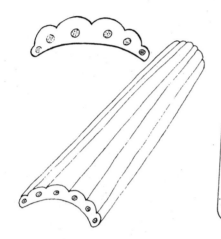

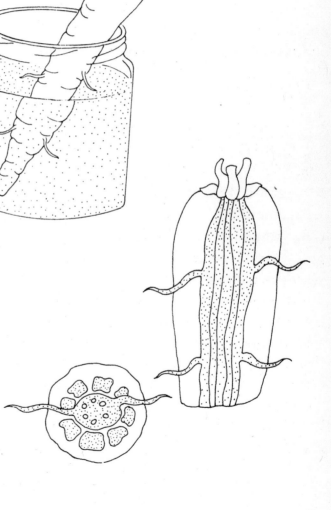

9. Echa un vistazo a la zanahoria. Corta el extremo alrededor de 5 cm por encima del corte anterior. ¿Qué parte de la zanahoria está coloreada? Practica un corte longitudinal a lo largo del resto de la zanahoria. ¿Qué ves? ¿Puedes identificar la parte de esta raíz que se encarga de distribuir el agua y los nutrientes al resto de la planta?

Cultiva una raíz suculenta

En la mayoría de los supermercados, en la sección de especias, venden jengibre molido, aunque el fresco es aún más sabroso si cabe. Si lo deseas, puedes cultivar tu propia raíz de jengibre.

Material necesario

Un trozo de raíz de jengibre fresco
Maceta de 30 cm
Tierra abonada para plantas de interior

Procedimiento

1. Llena de tierra la maceta, dejando un poco de espacio en la parte superior para el riego.
2. Planta un trozo plano de raíz de jengibre, de manera que quede medio enterrado.
3. Mantén la tierra húmeda y coloca la maceta en un lugar bien iluminado pero sin insolación directa.
4. Pronto empezarán a crecer brotes en la superficie superior de la raíz, al tiempo que asoman unas finas raíces debajo de la tierra y que no puedes ver. Los brotes verdes se parecen a la hierba, huelen a jengibre y pueden alcanzar 1,5 m de altura.
5. Transcurridos unos meses, la raíz original empezará a desarrollar nuevas partes gruesas y voluminosas. Arranca la raíz y corta una parte de esta nueva sección. (¿Qué tipo de raíz es el jengibre, fasciculada o axonomorfa? ¿Por qué?)
6. Limpia el trozo que acabas de cortar y tritúralo para elaborar alguna receta en la que se utilice el jengibre como ingrediente. Si lo deseas, puedes preparar una deliciosa bebida caliente:

Té de jengibre
750 ml de agua
5 cm de jengibre fresco rallado
15 ml de miel
Medio limón cortado a rodajas
Un cazo
Un colador

Mezcla estos ingredientes y hiérvelos en un cazo durante diez minutos. Cuela el té y sírvelo.

Raíces y tallos
en acción

¿Qué crees que podría ser lo bastante fuerte como para agrietar una acera? ¿Tal vez un camión al pasar? ¿Quizá un gran árbol al caerse? ¿Imaginarías por un solo momento que pudiera tratarse de la raíz de una planta? Se sabe que al crecer, las raíces de pequeñas plantas tales como el diente de león han conseguido atravesar una acera de cemento, y las raíces de los árboles aferrados a la vertiente de los acantilados han logrado penetrar en el granito, una roca durísima.

Aunque la mayoría de las plantas están en macetas, sus raíces y tallos crecen, se mueven y cambian de dirección como reacción al mundo que las rodea. Estos movimientos se llaman «tropismos». Es imposible detectarlos observando una planta; se producen con excesiva lentitud. Pero si te ausentas de casa y regresas en un par de días, verás que la planta se ha movido.

¿Te has preguntado alguna vez qué ocurriría si una semilla se plantara del revés? ¿Crecería el tallo hacia abajo y la raíz hacia arriba? No, la planta tiene una forma de evitarlo. En efecto, es capaz de percibir la fuerza de la gravedad al igual que tú. (Se trata de la fuerza que te mantiene en tierra e impide que vueles hacia el espacio.) Las raíces siempre crecen en la dirección de la fuerza de la gravedad, es decir, hacia el centro de la Tierra. Es lo que se conoce como «geotropismo» (del griego *geos*, que significa tierra).

El agua también influye en los movimientos de las plantas. En tal caso, estamos ante un fenómeno que se denomina «hidrotropismo» (del griego *hidros*, que significa agua). De un modo que no atinamos a comprender por completo, las raíces pueden adivinar dónde está el agua y casi siempre se orientan hacia ella. En ocasiones, nos causan problemas al enredarse alrededor de los conductos del alcantarillado; intentan acceder al agua que discurre por su interior.

Al igual que las raíces crecen en dirección al agua, los tallos lo hacen en dirección a la luz. Esto se llama «fototropismo». ¿Puedes adivinar de dónde procede este término? ¿Conoces otras palabras que incluyan el prefijo «foto»?

Muchos tallos muestran otro tipo interesante de movimiento: el «tigmotropismo». Las plantas que llamamos enredaderas, incluyendo la planta del pepino y del guisante, no son lo bastante robustas como para sostenerse por sí solas. Necesitan algo a qué aferrarse. Es así como los zarcillos, unas finas hebras que brotan del tallo, se curvan alrededor de las cancelas, varas y otros soportes. De algún modo, sin ojos, las plantas presienten que hay algo cerca a lo que se pueden sujetar, ¡y lo hacen!

✿ *SEMILLAS EN EL ESPACIO*   ¿Qué crees que ocurre cuando las semillas germinan en el espacio, donde no hay gravedad? Gracias a la lanzadera espacial estadounidense, ya lo sabemos. Cuando la nave está en órbita, todas las cosas que hay en su interior no pesan, ya que no existe ninguna fuerza gravitatoria de tire de ellas hacia abajo. Los científicos intentaron hacer germinar semillas en la lanzadera. (Su proyecto fue similar al que realizarás en la p. 39.) Aunque echaron raíces, ¡éstas apuntaban en todas direcciones!

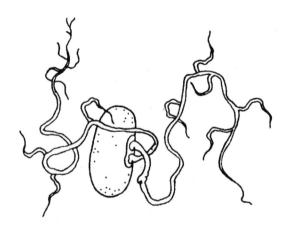

❧ *¡CUIDADO CON LA HIGUERA ESTRANGULADORA!* A decir verdad, no tienes que preocuparte por la higuera estranguladora, puesto que sólo ataca a otros árboles. Las semillas de esta planta no germinan en la tierra, sino que sólo pueden hacerlo en otro árbol, en el que probablemente las deposita algún pajarillo. El infortunado árbol se denomina «anfitrión», aunque lo cierto es que no recibe con los brazos abiertos a su siniestro huésped. De la semilla no tardan en brotar gruesas raíces que descienden hasta el suelo a lo largo del tronco del árbol anfitrión. De dichas raíces emergen otras raíces laterales y ramificadas que rodean al árbol y lo asfixian paulatinamente hasta que muere. Entretanto, el tallo y las ramas de la higuera estranguladora alcanzan una extraordinaria altura, impidiendo que la luz del sol llegue hasta las hojas del árbol. Por último, el anfitrión muere y se pudre en su prisión de raíces y tallos.

El poder de las raíces

Descubre el verdadero poder de las raíces.

Material necesario

Un paquete de semillas pequeñas
   (las de caléndula tienen una forma
   interesante y germinan enseguida)
Cáscara de huevo partida por la mitad
2 hueveras
Plato de papel de aluminio para tartas
Tierra abonada

Procedimiento

1. Llena las dos mitades de la cáscara de huevo con tierra hasta el borde, dejando un ligero espacio en la parte superior para el riego.

2. Esparce semillas en la superficie de una mitad de cáscara de huevo y recúbrelas de tierra. (Sigue las instrucciones del paquete de semillas para saber a qué profundidad deberías enterrarlas.)

3. Coloca la mitad de la cáscara en una huevera para que se sostenga en posición estable y pon la huevera sobre un plato de papel de aluminio de los que se utilizan para hacer tartas. De este modo, evitarás ponerlo todo perdido al regar.

4. Repite la misma secuencia anterior con la otra mitad de la cáscara de huevo aunque no contenga ninguna planta.

5. Coloca el plato en un lugar soleado y espera a que aparezcan los brotes –las nuevas plantas– en una de las dos mitades de la cáscara de huevo. Riégalos muy ligeramente, evitando que la tierra se encharque. A medida que los brotes vayan creciendo, puedes regarlos un poco más. Si en la otra mitad de la cáscara germina alguna planta –podría haber alguna semilla en la tierra que utilizaste–, arráncala.

6. En cuatro o cinco semanas, observarás que una de las dos mitades de la cáscara de huevo empieza a agrietarse. ¿Cuál? Lentamente, a medida que vayan pasando los días, se partirá. ¿Y la otra mitad? Observa detenidamente la mitad de la cáscara partida y lo que hay en su interior. ¿Qué crees que la partió? ¿Adivinas por qué a veces las plantas causan problemas en las aceras y los cimientos de los edificios?

La dirección correcta de las raíces

¿Siempre crecen hacia abajo las raíces, independientemente de la dirección en la que apunte la semilla?

Material necesario

Bote de cristal grande
Servilletas de papel de colores
   (las raíces resaltan mejor
   sobre un fondo cromático)
Semillas de guisante

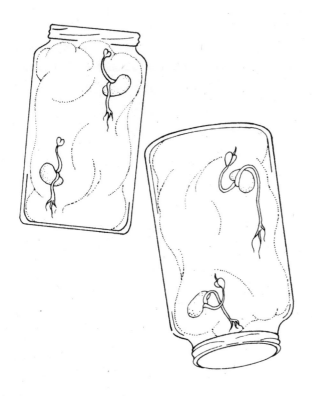

Procedimiento

1. Humedece unas cuantas servilletas de papel, arrúgalas y llena el bote con ellas.

2. Coloca algunas semillas de guisante entre las servilletas de papel y el lateral del bote. Debería mediar una distancia aproximada de 5 cm entre cada semilla. Pueden apuntar en cualquier dirección.

3. Mantén la humedad de las servilletas de papel mientras las semillas empiezan a germinar.

4. Transcurridos tres o cuatro días, empezarán a asomar las raíces. ¿Hacia dónde apuntan? Verifícalo de nuevo al término de una semana. ¿Influye de algún modo la posición de la semilla en la dirección en la que crecen las raíces?

5. Espera hasta que las raíces midan unos 3 cm de longitud e invierte la posición del bote de cristal.

6. Transcurridos tres o cuatro días, observa de nuevo las raíces. ¿En qué dirección apuntan ahora?

Desfilando hacia el agua

Descubre si las raíces realmente se dirigen hacia el agua.

Material necesario

Fuente de cristal grande y transparente
  para horno
Pequeña maceta de barro
Tierra abonada
Semillas de lima

Procedimiento

1. Llena la fuente de cristal de tierra abonada.

2. Coloca la maceta cerca de un rincón de la fuente

3. Planta dos o tres semillas de tal modo que medie entre ellas una distancia aproximada de 5 cm. Planta otras dos o tres mediando una distancia de 10 cm. Por último, planta otras dos tres semillas en el rincón opuesto de la fuente, alejadas de la maceta.

4. Llena la maceta de agua. No riegues las semillas. La única agua de que dispondrán será la que se filtra a través de la maceta.

5. En un par de días, las semillas empezarán a germinar. ¿Cuál lo ha hecho primero? ¿Cuál ha sido la última? ¿Por qué?

6. Pasadas dos semanas, observa las raíces. ¿En qué dirección están creciendo? (Puedes coger con cuidado la fuente de cristal –o pedírselo a un adulto si pesa demasiado– y observarlas desde la base.)

7. Una vez transcurridas tres o cuatro semanas, observa lo que está ocurriendo en la base de la maceta. ¿A qué crees que se debe?

Laberinto de judías

...iros tendrá que realizar una planta para llegar hasta la luz del sol? Cons-
...berinto» para plantas y descúbrelo tú mismo.

...cesario

...n con divisores y tapa
...ña
...

Procedimiento

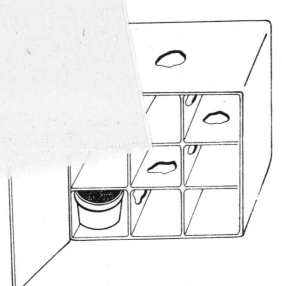

1. Practica orificios en los divisores de la caja para confeccionar el laberinto (véase ilustración). Los orificios deberían tener unos 5 cm de diámetro.

2. Planta cuatro judías secas en una maceta pequeña y colócala en un rincón de la caja, lo más alejada posible del orificio exterior.

3. Durante dos semanas mantén la caja de cartón herméticamente selladas para que no penetre la luz a través de la tapa. Es posible que tengas que utilizar cinta adhesiva para el sellado.

4. Abre la caja cada dos o tres días para regar las judías.

5. Transcurridos algunos días, observa lo que está ocurriendo.

Hojas: todas las formas y tamaños

Según el calendario, el 21 de marzo es el primer día de primavera, aunque para muchos de nosotros, la primavera llega realmente cuando brotan las hojas de los árboles. Se han estado desarrollando lentamente, día a día, pero el momento maravilloso en el que las advertimos se produce súbitamente. Es como si ayer los árboles estuvieran desnudos y hoy repletos de hojas.

Las hojas tienen formas y tamaños muy diferentes. Pueden ser largas y estrechas, como las de los sauces llorones; casi redondas, como las del álamo; o asemejarse a una mano con los dedos extendidos, como las de arce. Algunas de las hojas más hermosas constan de pequeños folíolos unidos a un tallo, como las del zumaque. Es divertido coleccionar el mayor número posible de hojas diferentes. En la p. 45 aprenderás a prensarlas.

Las hojas tienen una red de venas que discurre a través de ellas. Las venas transportan el agua y los minerales desde las raíces y el tallo hasta las hojas. También transportan los nutrientes que las propias hojas elaboran para el resto de la planta. Algunas hojas presentan una vena principal con pequeñas ramificaciones, mientras que otras tienen varias venas principales que se abren en forma de abanico. Observa algunas hojas y descubre cuál es su pauta venosa.

En ocasiones, cuando pensamos en las hojas, nos olvidamos de que las agujas de las plantas perennes y las espinas de los cactus también lo son. Las primeras son gruesas y resistentes, y permanecen vivas durante el invierno. Las segundas protegen a la planta de las criaturas que podrían comérsela.

En algunas plantas, las hojas han asumido funciones que quien más, quien menos esperaría que fuesen responsabilidad de otras partes de la planta. Los zarcillos de una planta trepadora son un tipo especial de hoja que actúa a modo de tallo. Determinadas especies disponen de unas flores pequeñas y unas hojas vivamente coloreadas a su alrededor. Estas hojas se llaman «brácteas» y se encargan de atraer a los insectos hacia la flor. Las flores de Pascua, muy populares en Navidad, presentan este tipo de brácteas.

Los «bulbos» son grupos de hojas estrechamente adheridas que actúan a modo de raíces. Se encuentran bajo tierra, justo por encima de las raíces reales de la planta, y al igual que muchas raíces, almacenan alimentos para que la planta pueda nutrirse en invierno. Las cebollas son bulbos, y numerosas flores de jardín de primavera, tales como los narcisos y los tulipanes, crecen a partir de bulbos.

❀ *¿SE PUEDE FLOTAR SOBRE UNA HOJA?*   El nenúfar real gigante, que crece en Brasil, tiene hojas de 2 m de diámetro capaces de soportar un peso de 23 kg. Un niño se podría sentar en una de estas hojas sin hundirse, aunque un adulto resultaría demasiado pesado. Aunque la superficie plana de la hoja constituiría un cómodo asiento, la cara inferior no, pues está cubierta de afiladas espinas que evitan que los

peces se la coman. Las hojas del nenúfar flotan en la superficie de los lagos y estanques, captando el aire y la luz solar que necesitan para elaborar su alimento. Mucho más abajo, la raíz de la planta está anclada en el fondo del lago.

✿ *MARIPOSAS VENENOSAS*   Las hojas del algodoncillo son venenosas para la mayoría de los animales, pero las orugas de la mariposa monarca se alimentan de ellas (a decir verdad, no comen otra cosa). Cuando las orugas se metamorfosean en mariposas, están tan repletas de veneno del algodoncillo que también se convierten en venenosas. Otros animales saben que las preciosas mariposas anaranjadas y negras son demasiado peligrosas como para darles un bocado. Es así como las monarcas se protegen de sus posibles depredadores.

Prensado de las hojas

Llévate esta prensa de hojas y flores cuando salgas al campo para prensarlas antes de que se marchiten.

Material necesario

2 rectángulos de cartón pesado, de unos 30 × 46 cm (los paneles laterales de una caja de cartón pueden dar un buen resultado; pide a un adulto que te ayude a cortarlos)

2 cordones de zapatos

Tijeras

Rotuladores de varios colores

Servilletas de papel

Procedimiento

1. Usa la punta de las tijeras para practicar un orificio en cada esquina de un rectángulo de cartón, situándolos a un mínimo de 5 cm del borde para que el cartón no se rasgue.

2. Yuxtapón el rectángulo de cartón taladrado sobre el segundo rectángulo y usa un rotulador para marcar la posición de los orificios. De este modo, tendrás la seguridad de que las dos piezas están alineadas.

3. Ensarta los cordones a través de los orificios tal y como se muestra en la ilustración, y decora el exterior de la prensa con los rotuladores.

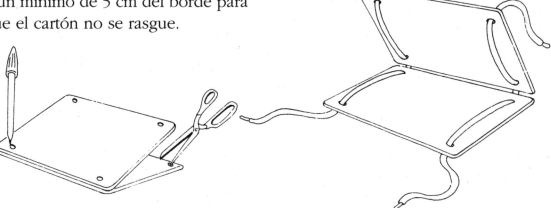

4. Coloca cuatro servilletas de papel en el interior de la prensa.

5. Para prensar flores y hojas, extiéndelas entre las capas de servilletas, distribuyéndolas con cuidado. Se secarán en la posición exacta en la que las coloques.

6. Reúne hojas y flores del mismo grosor. Las flores con una sección central muy gruesa no se prensan bien. En tal caso, utiliza el método de secado de la p. 65. Anuda los cordones de zapatos para mantener bien cerrada la prensa.

7. Al llegar a casa, retira las servilletas de papel, las hojas y las flores de la prensa, y colócalas debajo de un libro pesado hasta que se sequen. Este proceso se prolongará durante dos o tres días para las hojas y flores delgadas, pero podría tardar un par de semanas para las más gruesas.

Esqueletos de hoja

Al eliminar el resto de la hoja, las venas forman bellos diseños de encaje. Estas delicadas formas resultan muy indicadas como ornamentos decorativos en los arreglos florales.

Material necesario

Hojas grandes con venas gruesas
   (hojas de arce, por ejemplo)
Sopera grande
Sosa para lavar (en droguerías)
Lejía (en droguerías)
Tablero picador
Viejo cepillo de dientes
Servilletas de papel

Procedimiento

1. Lleva a ebullición 2 litros de agua caliente y añade 30 ml de sosa para lavar.
2. Echa las hojas en la sopera y déjalas hervir a fuego lento durante treinta minutos.
3. Deja enfriar el agua, pon las hojas con una escurridera para eliminar el agua, luego enjuágalas con cuidado en agua fría y vuelve a escurrirlas.
4. Extiende las hojas en el tablero picador y usa el cepillo de dientes para frotarlas, dejando sólo las venas, es decir, el «esqueleto» de las hojas. Ten paciencia y trabaja lentamente y con sumo cuidado.
5. Si lo deseas, puedes blanquear los esqueletos. Métetelos en un cuenco con 1 litro de agua y 30 ml de lejía, déjalos reposar durante una hora, vierte el líquido y enjuágalos en agua fría.
6. Extiende las hojas sobre servilletas de papel para absorber el agua y prénsalas colocándolas debajo de un libro grueso. El proceso de secado durará tres o cuatro días.

Molde de una hoja

Puedes confeccionar copias permanentes de tus hojas favoritas con un poco de yeso escayola.

Material necesario

Hoja de una forma atractiva

Yeso escayola

Plato plano un poco más grande que
    la hoja (la tapa de una caja de queso
    da buenos resultados)

Vaselina

Agua

Bote de cristal

Cuchara vieja

Procedimiento

1. Coloca la hoja en el plato con la cara inferior, es decir, la venosa, mirando hacia arriba.

2. Frota la hoja con un poco de vaselina.

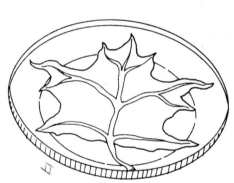

3. Pon un poco de agua en el bote de cristal, añade yeso escayola con una cuchara, remueve la mezcla y sigue añadiendo yeso poco a poco hasta que la mezcla adquiera una consistencia semejante a la pasta dentífrica.

4. Extiende con cuidado el yeso sobre la hoja para que quede cubierta uniformemente, y luego llena el plato con el resto de yeso escayola. Trabaja lo más deprisa que puedas.

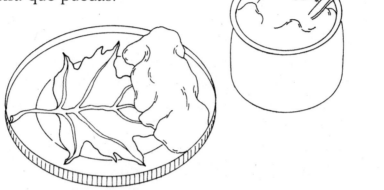

5. Deja secar el yeso. Tardará alrededor de media hora.

6. Cuando el yeso se haya endurecido, puedes retirarlo del plato. Desprende la hoja con cuidado y aparecerá el molde.

Las hojas en acción

Todas las plantas verdes, incluso esos pequeños hierbajos que crecen junto a la calzada, son capaces de hacer cosas asombrosas. Es algo que ningún otro ser vivo en la Tierra puede hacer: elaborar nutrientes a partir del aire, el agua y la luz del sol. Todos los animales, incluidos nosotros, se alimentan de plantas o de animales que comen plantas.

Las hojas son las fábricas alimentarias de las plantas. Para elaborar la comida, necesitan dióxido de carbono, un gas presente en el aire y que es tóxico para los animales. También necesitan agua, que suelen obtener del suelo, e insolación.

En las hojas de las plantas verdes hay una sustancia química llamada «clorofila», que permite a la planta utilizar la energía de la luz solar que incide en sus hojas para fabricar nutrientes a partir del dióxido de carbono y el agua. El color verde de las hojas es lo que te permite saber que la elaboración de alimentos está en marcha. Es la clorofila la que confiere dicha tonalidad a las hojas.

Una de las formas en que las plantas fabrican sus nutrientes se denomina «fotosíntesis» (del griego *foto* que significa luz, y *síntesis*, que significa reunir las cosas de otra forma). Así pues, las plantas, que reciben la luz solar, son capaces de fabricar algo nuevo: alimento.

El alimento que elaboran las plantas es una especie de azúcar, que más tarde utilizan para fabricar otros tipos de nutrientes. Diferentes clases de plantas utilizan su azúcar de formas igualmente diferentes. Ésta es la razón por la que necesitamos comer grandes cantidades de distintos tipos de plantas para disfrutar de una dieta equilibrada. Al tiempo que fabrica su alimento, la planta también está elaborando oxígeno, un gas que libera en el aire. Los animales necesitan oxígeno para respirar.

Por otro lado, las plantas usan las hojas al igual que nosotros usamos los pulmones, es decir, para respirar. Las plantas respiran a través de unos minúsculos orificios situados en el dorso de las hojas, excesivamente pequeños para poder apreciarlos, a menos que los observes al microscopio.

Piensa en el humo, el ruido y los olores que proceden de algunas de nuestras fábricas. Luego, piensa en las hojas de las plantas, ocupadas en la elaboración de alimento para alimentar al mundo sin proferir ningún sonido, en el más absoluto de los silencios, ¡al tiempo que limpian el aire que respiramos!

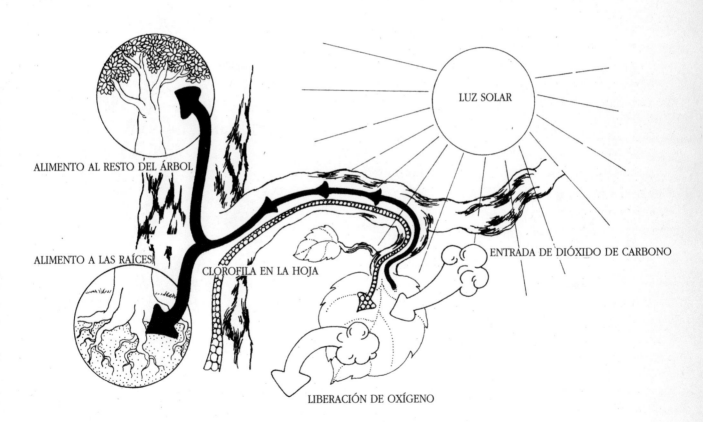

ALIMENTO AL RESTO DEL ÁRBOL

LUZ SOLAR

ALIMENTO A LAS RAÍCES

CLOROFILA EN LA HOJA

ENTRADA DE DIÓXIDO DE CARBONO

LIBERACIÓN DE OXÍGENO

❀ *HOJAS ASESINAS* ¿Hojas asesinas? Suena a ciencia ficción, ¿no es cierto? Pero a decir verdad, algunas plantas utilizan sus hojas para atrapar y matar insectos. La mayoría de ellas viven en ciénagas donde la tierra no es de muy buena calidad, ¡de manera que no han tenido otro remedio que inventar nuevas y asombrosas formas de condimentar sus dietas!

Las hojas del jarrón adoptan la forma de profundos recipientes en los que se acumulan charcos de agua. La planta atrae a los insectos a través de su olor, pero a menudo caen en los «jarrones» y se ahogan. Luego, los digiere.

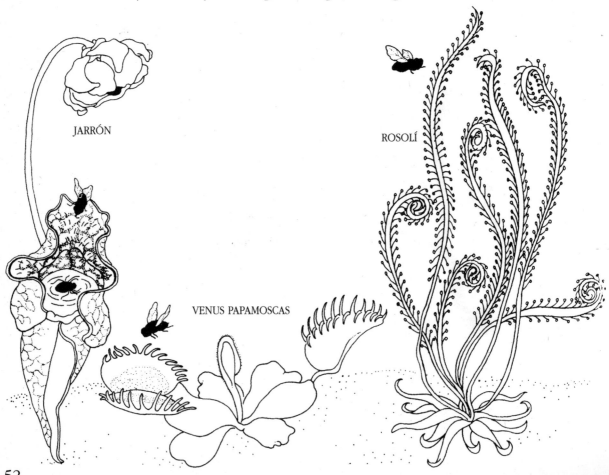

JARRÓN

ROSOLÍ

VENUS PAPAMOSCAS

52

El rosolí o rocío de sol posee unas brillantes hojas rojas cubiertas de vellosidades y un líquido dulce y pegajoso. Las patas de los insectos se pegan a algunas de las vellosidades de la hoja, y luego los pelos contiguos se cierran sobre el insecto, rodeándolo y asfixiándolo.

Las hojas de la Venus papamoscas están provistas de una bisagra en la vena central, además de unas vellosidades especiales sensibles a la más ligera de las presiones. Cuando un insecto aterriza en una hoja y toca un mínimo de dos vellosidades, ¡ZAS!, la hoja se cierra en menos de un segundo. Si sólo toca una vellosidad, no ocurre nada. De ahí que el viento y las gotas de lluvia no provoquen el cierre de la hoja. Cuando ha capturado una presa, la trampa permanece cerrada durante una semana poco más o menos, y cuando vuelve a abrirse, lo único que queda del infortunado insecto es su esqueleto.

✿ *¿POR QUÉ CAMBIAN DE COLOR LAS HOJAS EN OTOÑO?*   En muchas regiones del mundo, las hojas adquieren un color inconfundible con la llegada del otoño. ¿Cuál es la causa de que los árboles se vistan de tal guisa? Es un signo de que se están preparando para el invierno. A medida que se aproxima la estación fría, cambiamos nuestro estilo de vida, sustituyendo los bañadores por los abrigos. Los árboles también hacen lo mismo. En otoño, cuando el clima se enfría, las raíces de los árboles trabajan incansablemente acumulando agua. Asimismo, a medida que los días se acortan, reciben una menor radiación solar. Es la hora de cerrar sus fábricas de alimento –las hojas–. Los árboles forman una fina capa de corteza en el extremo del tallo de las hojas, las cuales, ante el corte del suministro de agua, dejan de elaborar nutrientes y la clorofila se descompone. Una vez eliminada la clorofila, se pueden observar otros colores –amarillo, anaranjado, rojo, etc.– que siempre han estado presentes en las hojas, pero ocultos. Por último, los tallos de las hojas se quiebran y caen al suelo.

¡Que entre el sol!

Esta actividad te permitirá saber cuál es el aspecto que presentan las hojas cuando reciben luz solar y cuando no.

Material necesario

Trozo de cartulina negra

Clips para papel

Planta de grandes hojas (un filodendro, por ejemplo)

Procedimiento

1. Recorta tres pequeños círculos en un trozo de cartulina negra.
2. Pégala a una hoja de la planta con un clip, procurando no lastimarla. Deberían aparecer tres pequeños círculos de la hoja a través de la «máscara» de cartulina
3. Deja la cartulina tal cual está durante dos días.
4. Retira la máscara de cartulina. ¿Qué puedes observar? ¿Qué parte de la hoja está verde? ¿Qué color ha adquirido el resto de la hoja?
5. ¿Qué parte de la hoja usaba la radiación solar para fabricar alimento? ¿Por qué?
6. Observa la hoja dos o tres días después de haber retirado la máscara. ¿Qué aspecto presenta ahora? ¿Qué ha ocurrido?

¿Realmente respiran las plantas?

Las hojas tienen unos diminutos orificios en la superficie. ¿Qué les sucede a las plantas cuando dichos orificios están obturados?

Material necesario

Planta sana con muchas hojas
(una hiedra, por ejemplo)
Tubo de vaselina

Procedimiento

1. Recubre con cuidado las dos caras de dos hojas con vaselina. Luego, haz lo mismo con la cara superior de otras dos hojas y la cara inferior de otras dos.

2. Proporciona a la planta el agua y el sol que necesita. Obsérvala a diario. ¿Qué aspecto tienen las hojas recubiertas? ¿De qué color son?

3. ¿Cuántos días han transcurrido antes de que se caiga una hoja? ¿Cuál ha sido? ¿Qué les ha ocurrido a las hojas que sólo tienen una cara revestida de vaselina? ¿Por qué algunas de estas hojas han sido capaces de sobrevivir?

4. ¿Qué crees que les ha sucedido a las hojas que estaban recubiertas de vaselina?

Crea un jardín en una botella

Ahora que has aprendido algunas cosas acerca de las plantas, tal vez desees cultivar algunas y observar cómo crecen. No necesitarás demasiado espacio para construir un jardín si lo haces en una botella. Veamos cómo.

Material necesario

Botella o jarrón de cristal transparente
   grande, de boca ancha y con tapa
Unas cuantas plantas verdes
   (vas a necesitar plantas que crezcan
   lentamente y que sean pequeñas,
   como el culantrillo y los helechos,
   la hiedra miniatura y los musgos)
Guijarros pequeños
Unas cuantas briquetas de carbón
Bolsa de plástico
Martillo
Colador
Tierra abonada
Cartulina rígida
Periódico

Procedimiento

1. Lava con cuidado la botella con agua y jabón, enjuágala a conciencia y déjala secar.
2. Extiende algunas hojas de periódico para confeccionar una superficie de trabajo.
3. Limpia los guijarros y coloca dos estratos en la base de la botella (primero con guijarros de mayor tamaño y luego más pequeños), formando una capa de 2-3 cm de grosor.
4. Rompe el carbón en pedacitos. Veamos cómo debes hacerlo para no ponerlo todo perdido. Pon el carbón en una bolsa de plástico y desmenúzalo con un martillo. Solicita la ayuda de un adulto. Vierte el carbón en un colador y lávalo bajo el chorro de agua corriente.
5. Pon una capa de carbón en la botella, sobre los guijarros. Debería formar un estrato de 1,5 cm de grosor.
6. Confecciona un embudo enrollando un trozo de cartulina rígida (véase ilustración), ajústalo a la boca de la botella y vierte la tierra abonada. Así evitarás que se ensucien las paredes de la botella. Vas a necesitar unos 5 cm de tierra.

7. Veamos cómo debes planificar tu jardín. En una hoja de papel traza un círculo del mismo diámetro que la botella. Distribuye las plantas en el papel, y cuando te satisfaga su aspecto, plántalas en la botella. No abigarres demasiado el jardín. Recuerda que las plantas irán creciendo poco a poco y llenarán el espacio.

8. Practica un orificio en la tierra para cada planta, introdúcelas con cuidado y colócalas en sus orificios respectivos. Aplana firmemente la tierra alrededor de la base de cada planta.

9. Si lo deseas, puedes añadir pequeños ornamentos decorativos entre las plantas (una concha, un trozo de madera de balsa, etc.).

10. Riega el jardín. Debería estar siempre húmedo, pero nunca empapado. Ajusta la tapa. Mientras esté puesta, tu jardín sólo necesitará unas cuantas gotas de agua al mes.

11. Riega ligeramente el jardín sólo cuando la tierra parezca seca. Si se empaña el cristal, significa que lo has regado demasiado. Retira la tapa durante un par de días para dejar que se seque.

12. Coloca el jardín-botella en un lugar iluminado, pero sin radiación solar directa.

Flores:
la publicidad de las plantas

Las flores añaden color y belleza a nuestra vida. Las hay de muchas formas y tamaños. Presentan casi todas las tonalidades excepto la negra. (Algunas tienen un color violeta tan oscuro que lo parecen.) Las flores nos deleitan con su aroma y su hermosura. Muchos perfumes se fabrican a partir de las flores.

Las flores crecen prácticamente en todas las partes del mundo. Algunas de ellas lo hacen en el desierto, donde apenas hay agua y los rayos del sol son terriblemente poderosos. Otras crecen en el ártico y cerca de la cima de las montañas, donde sólo asoman cuando se funde la nieve.

En los pueblos y ciudades, las flores abundan por doquier. Se cultivan en parques, jardines, jardineras y macetas. Otras crecen en estado silvestre en el campo e incluso en las grietas de las aceras.

Pero ¿por qué florecen las plantas? Desde luego, no lo hacen simplemente para agradarnos. Las flores son talleres ajetreadísimos que se encargan de la fabricación de las semillas. Muchas flores necesitan insectos, y en ocasiones, incluso aves, murciélagos o ratas, para que les ayuden en su trabajo.

Tal vez tus padres te asignen una paga si pones la mesa o paseas el perro. Pues bien, las plantas también «pagan» a los insectos por su trabajo, en este caso con polen y néctar. El colorido de la flor y el dulce aroma del néctar son las formas que tienen las plantas de anunciar que tienen algo que los insectos desean.

Lo primero que advertimos de una flor son sus vivos pétalos. A los insectos les atrae lo mismo. Algunas flores, como el pensamiento, tienen varios pétalos en círculo. Otras, como el dondiego de día, tienen un solo pétalo en forma de embudo o tubo. Los pétalos proporcionan una pista de aterrizaje a los insectos que visitan una flor. En ocasiones, están decorados con rayas, que los guían hasta el mismísimo centro de la flor.

¿Cuál es la causa de que los insectos quieran llegar al centro de la flor? Muy fácil, para libar el néctar. Muchas flores fabrican este líquido dulzón. Los insectos introducen sus largas patas en el centro de la flor y liban el néctar. (Es como beber un refresco con una pajita de plástico.)

En esta parte de la flor, casi oculta por los pétalos, hay un órgano en forma de jarrón llamado «pistilo», en cuya base se almacenan unos cuantos «óvulos» o semillas sin desarrollar. El pistilo está rodeado de unos finos tallos llamados «estambres», en cuyo extremo hay un polvillo amarillento llamado «polen».

Para que una planta pueda fabricar semillas que den lugar a nuevas plantas, el polen debe caer en el pistilo, donde se unirá al óvulo. Es lo que se denomina «fecundación».

Algunas plantas dependen del viento para propagar el polen, pero muchas necesitan la colaboración de los insectos. (Algunas plantas tropicales de gran envergadura utilizan colibríes o murciélagos.) Cuando los insectos liban el néctar, su cuerpo queda revestido de polen de los estambres, y cuando visitan otra flor, una parte del polen se desprende y queda adherido a la superficie pegajosa del pistilo. De este modo, contribuyen a que las flores puedan fabricar sus semillas. ¿No es una suerte que las plantas hayan elegido esta forma de reproducción?

🌸 *LAS ABEJAS: LAS MEJORES AMIGAS DE LAS PLANTAS* Cuando extiendas un poco de miel en una tostada, piensa que las abejas tienen que efectuar 80.000 viajes hasta las flores para cosechar ese bote de miel. Si encadenáramos todos estos viajes, ¡una abeja podría dar dos veces la vuelta al mundo!

Las abejas visitan muchas más flores que otros insectos, pero no se limitan a beber el néctar, sino que lo almacenan en el saco de miel, situado en el interior de su

BOLSA DEL POLEN

organismo. Al regresar a la colmena, vierten la miel en pequeñas celdillas de cera. A continuación, las abejas se reúnen alrededor de las celdillas y hacen vibrar sus alas cuatrocientas veces por segundo. Así, eliminan toda el agua del néctar y lo transforman en miel.

Las abejas también cosechan polen para elaborar «pan de abeja», transportando el polen hasta la colmena en pequeñas bolsas situadas en sus patas traseras. Si las observas zumbando alrededor de las flores, puedes descubrir esas bolsas amarillas de polen en sus patas. Es posible que en más de una ocasión te hayas preguntado si serán capaces de despegar con esa carga tan pesada. Cada abeja transporta miles de granos de polen en cada viaje.

❀ *RECOGE MIL FLORES* ¿Crees que acabarías agotado si tuvieras que recoger mil flores? Pues no, si lo que recoges es un girasol. En efecto, lo que creemos que constituye una sola flor es en realidad más de mil flores diminutas unidas entre sí. El centro de aspecto afelpado del girasol está compuesto de «flósculos discales» (flósculo

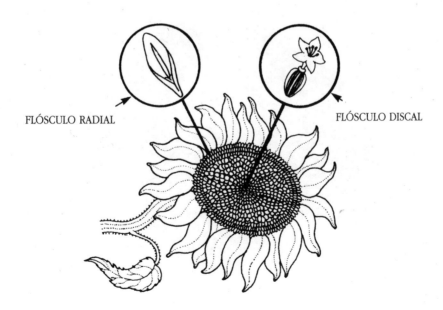

FLÓSCULO RADIAL   FLÓSCULO DISCAL

significa florecilla), cada uno de los cuales dispone de sus propios estambre y pistilo, y fabrica una semilla. En un círculo que rodea los flósculos discales se ubican los «flósculos radiales». Cada uno de ellos tiene un pétalo, aunque carece de semillas; su única función consiste en atraer a los insectos. Los dientes de león, margaritas y otras muchas especies también están provistos de múltiples flósculos. Si las observas detenidamente, distinguirás las minúsculas florecillas.

SUPER APESTOSA   La flor más grande del mundo vive en las junglas del sudeste asiático. Se llama raflesia. Su flor rojo-anaranjada tarda cinco meses en crecer. Esta flor gigante mide casi un metro de diámetro y puede pesar hasta 12 kg. ¿No sería maravilloso que la raflesia tuviera un superperfume que compitiera con su tamaño? Por desgracia, utiliza las moscas para esparcir su polen, y a éstas les atrae el olor de carne podrida..., ¡que es precisamente el efluvio que desprende la raflesia! ¡Puaj!

EXPERIMENTO

Descubre los secretos de una flor

Para ver con claridad todas las partes de una planta, debes diseccionarla.

Material necesario

Una de las flores siguientes:

    petunia

    boca de dragón

    salvia

    tulipán

    narciso

    dondiego de día

(Todas estas flores tienen estambres y pistilos; otras, no)

Procedimiento

1. Observa la flor durante un minuto y fíjate en la forma en que se acoplan todas sus partes. Aspira su perfume.
2. La parte voluminosa del tallo es el «receptáculo», que sostiene la flor.
3. Las secciones verdes situadas debajo de los pétalos se llaman «sépalos». (Algunas flores carecen de sépalos.) ¿Cuántos hay? ¿Cómo están dispuestos? Intenta encontrar un capullo de flor de la misma especie que el de la

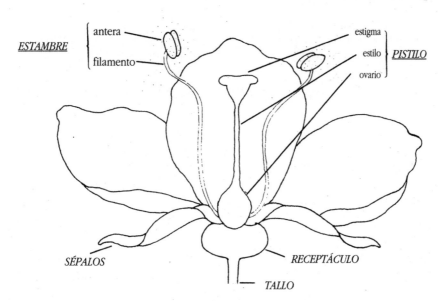

63

flor que estás diseccionando. ¿Dónde están los sépalos en el capullo? ¿Cuál crees que es su función?

4. A continuación, observa los pétalos. ¿Por dónde están sujetos a la flor? ¿Cómo están dispuestos? ¿Presentan algún tipo de marca que parezca especialmente concebida para las abejas? ¿Dónde crees que aterrizan los insectos? Arranca los pétalos con cuidado.

5. ¿Puedes ver unos finos tallos sobresaliendo del centro de la flor? Son los «estambres». ¿Cuántos hay? ¿Por dónde están sujetos a la flor? Toca los extremos de los estambres. ¿Cómo se llama ese fino polvillo que te ha quedado en los dedos? ¿De qué color es?

6. En el mismísimo centro de la flor hay una parte verde en forma de jarrón: es el «pistilo», y la parte voluminosa situada en la sección inferior del pistilo es el «ovario». En ocasiones, se puede abrir el ovario con la uña del pulgar. También puedes pedir a un adulto que practique un corte en el ovario con una navaja bien afilada. ¿Ves los «óvulos» en su interior? (Usa una lupa para distinguirlos mejor.)

EXPERIMENTO

Secado de las flores

Si secas flores con cuidado, podrás confeccionar ramilletes con ellas que durarán muchísimo tiempo.

Material necesario

Algunas plantas silvestres, como:
    tanacetos (hierba lombriguera)
    siemprevivas
    solidago (vara de oro silvestre)
    umbelíferas (cualquier variedad)
O bien:
Algunas flores de jardín, como:
    girasoles
    inmortal
    hortensias
Cuerda o cierres para bolsas de bocadillos
Tendedero
Pinzas para tender la ropa
Lugar oscuro y seco donde colgar las flores

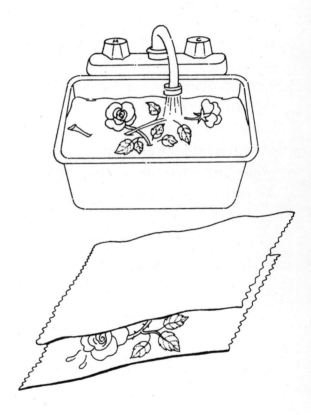

Procedimiento

1. Recoge las flores en un día seco. Elige las que acaben de abrirse y no hayan sido mordisqueadas por los insectos. Arráncalas con la mayor cantidad de tallo posible, pero no de raíz. Si el tallo es demasiado duro como para partirlo, utiliza unas tijeras.

2. Separa con cuidado las hojas de los tallos. Si las dejas, se pulverizarán cuando se seque la flor.

3. Con una cuerda o cierre para bolsas de bocadillos confecciona varios ramilletes de tres o cuatro flores, salvo si se trata de flores grandes, como el girasol, en cuyo caso es preferible que las trabajes de tallo en tallo.

4. Extiende la cuerda-tendedero en el lugar oscuro y seco en el que vayas a secar las flores. Usa pinzas para tender la ropa para sujetar los tallos a la cuerda.

5. Las flores tardarán alrededor de dos semanas en secarse. Cuando estén completamente secas, puedes colocarlas en jarrones. Manéjalas con cuidado, pues se rompen muy fácilmente.

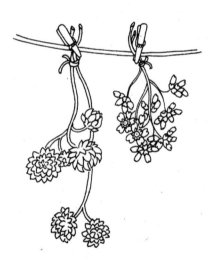

Responde a las preguntas siguientes: ¿Tienen el mismo aspecto las flores que cuando crecían? ¿Tienen el mismo tacto? ¿Algunas flores han cambiado más que otras? ¿Se han caído algunas flores durante el proceso de secado? ¿Qué tipos de flores parecen secarse mejor?

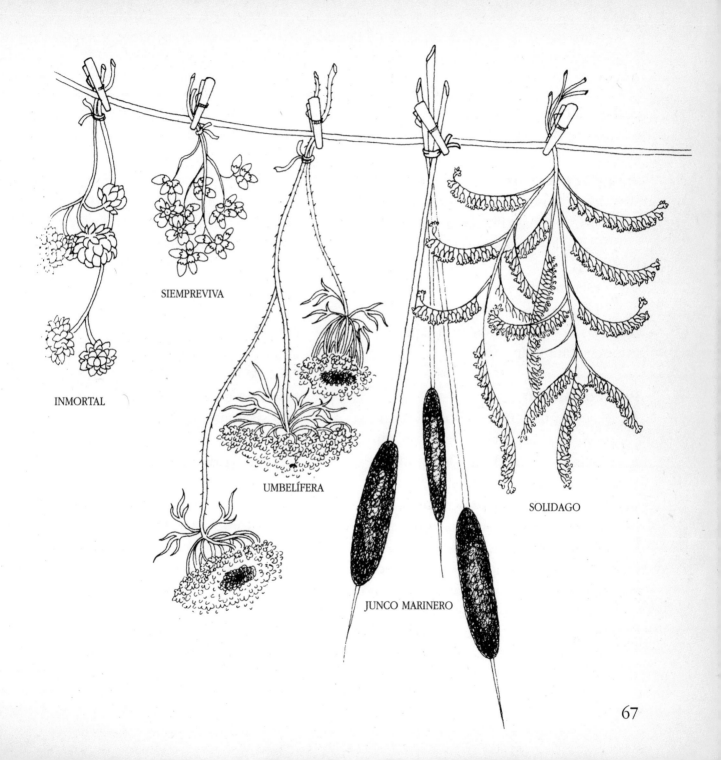

INMORTAL

SIEMPREVIVA

UMBELÍFERA

JUNCO MARINERO

SOLIDAGO

Pétalos fragantes

Durante siglos la gente ha utilizado flores secas, hojas y especias para inundar la casa de agradables aromas y perfumar las prendas de vestir, las sábanas y las toallas. Una mezcla de pétalos de flores secas se llama «popurrí».

Material necesario

Surtido de flores de diferentes aromas
    (rosas, peonías, flor de azahar, lilas,
    lirios de los valles, etc.)
Periódico
Vieja tela metálica de ventana
    y dos ladrillos o cajas
Algunos botes de cristal con tapa
Etiquetas autoadhesivas

Procedimiento

1. Recoge unas cuantas flores en un día seco. Procura que estén en el punto máximo de la floración (¡pide permiso antes de cortarlas!).

2. Extiende el papel de periódico, arranca con cuidado los pétalos de las flores, tira los tallos, las hojas y los pétalos mordisqueados por los insectos.

3. Distribuye los pétalos por la tela metálica. Los pétalos no deberían tocarse entre sí. Coloca la tela metálica sobre dos ladrillos o cajas para que los pétalos estén bien aireados. Pon la tela en un lugar cálido y seco, sin radiación solar directa.

4. Cada día durante una semana, vuelve los pétalos del revés. Cuando estén secos y quebradizos, estarán listos para guardar.

5. Guarda cada tipo de pétalo en un bote de cristal específico, con la tapa herméticamente cerrada. Etiquétalo según su contenido.

6. Para utilizar los pétalos con el fin de aromatizar una estancia, coloca unos cuantos en un cuenco.

7. Si deseas aromatizar un armario, pon un cuadrado de tejido de algodón de 12 × 12 cm sobre otro cuadrado de malla del mismo tamaño. Añade unas cuantas cucharadas de pétalos secos, dobla el tejido y la malla, y átalo con una cinta.

Prueba con pétalos de diferentes texturas. También puedes mezclar pétalos con especias, como por ejemplo la canela, el clavo o hierbas tales como la menta o el romero.

69

Un diminuto ramillete de flores

Material necesario

«Jarrones» minúsculos (tapones de botellas, frascos de perfume, viejas tapas de lápiz de labios o cualquier otro recipiente pequeño que puedas encontrar en casa)

Procedimiento

1. Ahora que ya has elegido un «jarrón», ya sabes lo diminuto que debe ser el ramillete. Agáchate y mira atentamente el suelo del jardín, el prado o el parque. Cuando empieces a pensar en pequeño, advertirás un sinfín de florecillas a las que habitualmente no sueles prestar demasiada atención. Podrías encontrar pamplinas (álsines), tréboles, violas o pulseras de pastor. ¿Qué más puedes encontrar? (Consulta un libro de flores silvestres para descubrir el nombre de tus ramilletes de flores.)

Frutas:
¿qué son en realidad?

¿**H**as oído alguna vez a dos niños discutiendo de tomates? Suele ser algo así: PRIMER NIÑO: «¿Sabes qué? He descubierto que un tomate es una fruta».

SEGUNDO NIÑO: «Estás loco, ¡un tomate es una verdura! ¿Quién ha oído hablar de mermelada de tomate o helado de tomate?».

Es fácil comprender por qué el segundo niño no cree lo que dice el primero. En la vida diaria, utilizamos el término «verdura» para designar las plantas que comemos en la ensalada o en cualquier plato principal de la comida o la cena. En general, las verduras no son tan dulces como las frutas. Por lo demás, no comemos verduras de postre.

El término «verdura» no dice nada de la parte de la planta de la que procede el alimento. Una zanahoria es una raíz, el apio es un tallo, la lechuga es una hoja... y un tomate es una fruta.

Una fruta no es más que la parte de la planta que contiene las semillas. Las manzanas, naranjas y fresas son frutas, pero también lo son los cacahuetes, pepinos, judías verdes y calabazas. Todos ellos contienen semillas en su interior. No todas las frutas se comen, por lo menos no el ser humano. El algodoncillo, por ejemplo, es una fruta y no se come. ¿Se te ocurren otras más?

Las frutas crecen a partir de las flores. ¿Adivinas qué parte de la flor se transforma en la fruta? Cuando examinabas las partes de una flor, descubriste que los óvulos se convertían en semillas. Estaban alojados en el interior del ovario, es decir, la parte redondeada e inferior del pistilo. ¿Lo adivinas ahora? ¡Ajajá! El ovario aumenta más y más de tamaño hasta transformarse en la fruta. La mayoría de las demás partes de la flor se secan y caen de la planta.

Algunas frutas, tales como los melocotones, las cerezas y muchos tipos de frutos secos, contienen una sola semilla, mientras que otras, como las naranjas, tomates y algodoncillos, tienen muchas semillas en su interior. Si alguna vez has ayudado a vaciar una calabaza para Halloween, sabrás que contiene centenares de semillas.

Las semillas están dispuestas de múltiples formas en el interior de la fruta. Abre con cuidado una vaina de guisantes y observa cómo están sujetas las semillas. ¿Puedes distinguir los pequeños óvulos no fecundados? Si cortas una manzana longitudinalmente (pide ayuda a un adulto), podrás observar el ovario con las semillas en su interior.

Si donde vives hay flores, fíjate en cómo se transforman en frutas en la temporada de crecimiento. Pero ármate de paciencia; en la naturaleza todo discurre muy lentamente. ¡Desde luego, es mucho más rápido sacar un conejo de una chistera, aunque no resulta tan interesante!

FRUTA EXPLOSIVA   ¿Qué es lo que puede surcar los aires como una bala? Las semillas de la fruta explosiva del pepino silvestre, que salen disparadas a 100 km/h. El exterior de la fruta es espinoso y duro, mientras que el interior es jugoso y se hincha más y más a medida que se desarrolla la semilla. Por último, el interior de la fruta empuja tan fuerte el exterior que la fruta explosiona, y las semillas van a parar hasta 7 m de la planta madre.

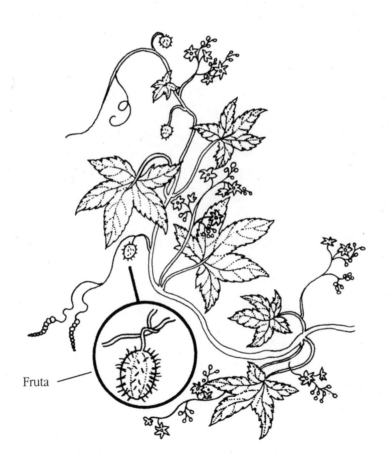

Fruta

¿Qué hay en el interior de una fruta?

Echa un vistazo a algunos tipos de frutas y las semillas que contienen. Recuerda que los científicos denominan «frutas» a muchas «verduras» precisamente por esta razón: porque contienen semillas.

Material necesario

5 o 6 frutas diferentes, como manzanas, cidra, vainas de guisantes, tomates, naranjas, uvas o pepinos
Cuchillo
Bandeja
Servilletas de papel
Lupa

Procedimiento

1. Extiende unas cuantas servilletas de papel sobre una bandeja para disponer de un lugar de trabajo.

2. Observa detenidamente las frutas que has elegido. ¿Sabes cuál es el extremo por el que estaban unidas a la planta? ¿Queda alguna parte de la flor en la fruta?

3. Corta las frutas. ¿Puedes ver dónde estaban el ovario y los óvulos en la flor?

4. Observa la distribución de las semillas. ¿Cuántas semillas tiene cada fruta? (Algunas frutas tienen tantas que no hace falta que las cuentes. Cuenta sólo las de una sección y multiplica el resultado por el número de secciones para saber cuántas hay aproximadamente.) ¿Por qué crees que algunas frutas tienen tan pocas semillas y otras tantas?

5. Guarda las semillas de cada fruta, lávalas con agua (¡sin jabón!) y ponlas en un lugar cálido para que se sequen. Planta un par de semillas de cada tipo de fruta en un poco de tierra para ver si germinan. Riégalas un poco. (A modo de vivero podrías utilizar una huevera con un poco de tierra en cada sección.)

¡Por cierto! Con la mayoría de los restos de esta actividad se pueden elaborar postres deliciosos.

Diseños decorativos con fruta

Si cortas una fruta por la mitad, descubrirás un hermoso diseño de semillas y secciones en su interior. Utilízalo para decorar tus trabajos.

Material necesario

Cuchillo
Manzanas, naranjas, limones
Pinturas témpera
Plato de papel de aluminio para tartas
Papel de dibujo blanco

Procedimiento

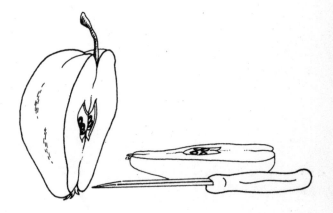

1. Corta una fruta por la mitad (las naranjas y limones transversalmente, y las manzanas longitudinalmente).

2. Vierte un poco de pintura témpera en el plato de papel de aluminio, la suficiente para cubrir la base. Inclina el plato hasta que quede revestido uniformemente de pintura.

3. Presiona la cara cortada de la fruta en la pintura.

4. Presiona la cara cubierta de pintura de la fruta en el papel de dibujo. No muevas la fruta mientras imprimes el diseño, pues de lo contrario se emborronará.

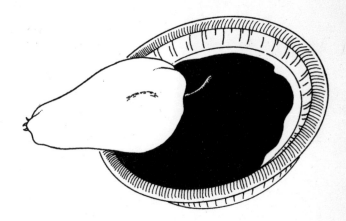

5. Levanta con mucho cuidado la fruta y observa el hermoso diseño. ¿Puedes ver dónde se alojaban las semillas en el interior de la fruta?

Si dispones de unas cuantas hojas grandes de papel, puedes repetir el diseño y utilizarlo como papel de regalo.

Semillas:
paquetería de entrega especial

Los bebés humanos crecen protegidos y alimentados en el interior del cuerpo de su madre durante nueve meses, mientras que los padres de las plantas bebé las expulsan mucho antes de que estén listas para empezar a crecer por sí solas. ¿Cómo se preparan para el viaje? ¿Cómo se las ingenian para sobrevivir solas? La respuesta está en las semillas.

Todas las plantas de floración elaboran frutas con semillas en su interior. Como ya vimos, algunas frutas, como los tomates, contienen muchas semillas, mientras que otras, como los melocotones, sólo tienen una. Cada semilla forma un paquete bien embalado, en cuyo interior se aloja una diminuta planta bebé, llamada «embrión», y un poco de alimento para que se desarrolle. La dura corteza exterior de la semilla le protege durante el viaje.

Antes de que una semilla pueda germinar en una nueva planta, debe aterrizar en el suelo. Asimismo, necesita espacio para crecer. Si la nueva planta está demasiado cerca de la planta madre, tendrá que competir con ella para conseguir el alimento y el agua que necesita para sobrevivir. Ésta es la razón por la que muchas plantas han ideado innumerables formas de esparcir sus semillas.

Algunas envían sus paquetes por vía aérea. Las semillas de arce parecen hélices de helicóptero mientras caen flotando desde el árbol. Las de diente de león y algodoncillo están unidas a unos corpúsculos sedosos que hacen las veces de paracaídas. La más ligera de las brisas es capaz de enviarlas muy, pero que muy lejos. (¡Es mucho más fácil soplar las semillas de diente de león que apagar todas las velas de la tarta de cumpleaños!)

Otras plantas dependen de las aves y animales para entregar sus semillas. Es probable que alguna vez hayas observado a las atareadas ardillas enterrando semillas y bayas. Están almacenando alimentos para el futuro, aunque cuando regresen a buscarlos no encontrarán todo lo que ocultaron. Las bayas y semillas pueden germinar y convertirse en nuevas plantas. Cuando los pájaros y los animales comen fruta, las semillas duras pasan intactas a través de su organismo y salen al exterior con los excrementos, ¡lejos de la planta madre y fertilizadas!

Algunas plantas carecen de frutas o semillas que resulten apetitosas a los animales. Se trata de los «abrojos», que están cubiertos de pequeños ganchos o espinos que se adhieren al pelaje de los animales que pasan por sus inmediaciones. Asimismo, como tal vez hayas comprobado, los abrojos también se pegan a los calcetines, jerseis y guantes. En este caso, la planta te utiliza para esparcir sus semillas.

Después de haber caído al suelo, la semilla puede permanecer aletargada durante algún tiempo. Muchas semillas pasan así el invierno, y al llegar la primavera, cuando el sol calienta la tierra y la lluvia la humedece, pueden empezar a crecer. Este proceso se llama «germinación».

El agua penetra en la semilla y la hincha. En el interior de la semilla, el pequeño embrión empieza a crecer y a consumir su suministro nutritivo. La dura corteza exterior se rompe y asoma la primera raíz, que absorbe más agua y minerales del suelo. A su vez, brota el primer tallo, que emprende su camino hacia la luz solar, y cuando por fin brotan las primeras hojas verdes, ya es capaz de elaborar su propio alimento. Acaba de nacer una nueva planta.

❀ SEMILLAS QUE VIVIERON DURANTE 10.000 AÑOS En Yukón, en 1954, se encontraron algunas semillas de altramuz ártico que, según los científicos, tenían entre 10.000 y 15.000 años de antigüedad. Algunas de ellas germinaron y dieron lugar a nuevas plantas. ¡Una incluso tenía flores!

❀ SEMILLAS GIGANTES Algunas de las semillas más grandes del mundo son las de una palmera llamada *Coco de Mer* («coco de mar»), que crece en las islas Seychelles, en el océano Índico. Pueden tener un tamaño superior a una pelota de playa y pesar hasta 23 kg. Asimismo, estas semillas gigantes recorren grandes distancias. En efecto, flotan en el océano y viajan de una isla a otra. Hace mucho tiempo, los indígenas que las encontraban en la playa creían que procedían del fondo marino.

❀ SEMILLAS AMANTES DEL FUEGO ¡Existen dos especies de pino norteamericanas (*lodgepole* y *knobcone*) que necesitan un incendio forestal para esparcir sus semillas! En efecto, sus durísimas piñas, con semillas en su interior, pueden permanecer cerradas y sujetas al árbol durante años. Se requiere el calor ardiente de un incendio para que se abran. De este modo, un bosque destruido por un incendio puede muy pronto repoblarse de nuevos y pequeños pinos.

¿Qué hay dentro de una semilla?

Material necesario

Vainas de lima secas
Lupa
Bote o vaso de cristal
Agua

Procedimiento

1. Observa detenidamente la vaina de lima seca. ¿Puedes extraer su corteza exterior? ¿Puedes abrirla?

2. Coloca dos o tres vainas de lima en un bote de cristal, cúbrelas de agua y déjalas en remojo durante un día.

3. Saca las vainas del agua. ¿Tienen aún el mismo tamaño?

4. Echa un vistazo al exterior de la vaina. ¿Qué aspecto presenta ahora? ¿Adivinas por dónde la semilla de lima estaba unida a la fruta? Justo encima hay un diminuto orificio por el que el agua penetra en la fruta.

5. Pela la corteza exterior de la semilla y, con cuidado, rompe la semilla en dos mitades con la uña.

6. ¿Puedes ver el suministro de alimento de la semilla? ¿Y la planta bebé (embrión)? ¿Qué ocupa más espacio en el interior de la planta, la propia planta bebé o su alimento?

7. Si dispones de una lupa, observa con más atención la planta bebé. La parte inferior y en forma de gancho del embrión se convertirá en la raíz de la nueva planta, mientras que la pequeña parte en forma de hoja se transformará en el tallo y las dos primeras hojas.

Experimenta sumergiendo semillas de otras especies botánicas y observando su interior.

¿Hasta dónde pueden viajar las semillas?

He aquí una actividad para realizar al aire libre en un día seco.

Material necesario

Silla
Semillas de árbol con «hélices»
   (arce, fresno, etc.)
Capullos maduros de diente de león
Cinta métrica larga

Procedimiento

I. SEMILLAS DE ÁRBOLES

1. Coloca la silla en un lugar al aire libre. Elige un espacio abierto en el que el viento pueda transportar las semillas.
2. Ponte de pie sobre la silla y lanza al aire una semilla con hélices. Observa la trayectoria que describe y fíjate en el lugar de aterrizaje.
3. Usa una cinta métrica para medir la distancia recorrida.
4. Inténtalo de nuevo con otra semilla. ¿Cuál ha llegado más lejos?
5. Ahora, arranca las hélices de una o de las dos semillas. ¿A qué distancia pueden llegar cuando las lanzas al aire?

II. SEMILLAS DE DIENTE DE LEÓN

1. Cuenta las semillas de un capullo de diente de león y luego sopla con fuerza. ¿Cuántas veces has tenido que soplar para que se desprendan todas las semillas?
2. Utiliza la cinta métrica para medir la distancia que han recorrido todas las semillas.
3. Humedece el paracaídas de un par de semillas con un poco de agua. Intenta desprenderlas soplando. ¿Flotan en el aire? ¿Qué tipo de climatología crees que sería la mejor para que un diente de león esparciera sus semillas?

Las multitudes no son saludables

¿Has estado alguna vez en un lugar muy abarrotado de gente, tal vez en un autobús o una calle llena hasta los topes, donde te pisaran los pies, te empujaran y clavaran los codos? A la mayoría de las personas no les gusta este tipo de experiencias. Pues bien, a las plantas tampoco. Descubre lo que ocurre cuando las semillas se plantan demasiado juntas.

Material necesario

6 bricks de leche, de cartón encerado
Tijeras
Paquete de semillas de caléndula
   o de mostaza
Tierra abonada

Procedimiento

1. Corta un panel lateral largo de cada brick y practica tres o cuatro orificios pequeños en el otro lado.
2. Llena cada brick con tierra húmeda.
3. En el primer brick excava pequeños hoyuelos en la tierra de 1 cm de profundidad. (Usa un lápiz o el dedo.) Deja una distancia de 8 cm entre ellos. Echa dos semillas en cada hoyo. Cubre de nuevo los hoyuelos.
4. En cada uno de los demás bricks planta las semillas más y más cerca: a 6 cm, 5 cm, 4 cm, 2 cm y 1 cm.
5. Coloca los bricks en un lugar cálido y soleado. Riégalos un poco cada día. Cuando empiecen a asomar los brotes, procura que la tierra no se seque, pues de lo contrario morirían.
6. Debería de haber un solo brote en cada hoyo. Si salen dos, arranca uno.
7. Transcurridas unas dos semanas después de haber sembrado las semillas, cada planta tendrá varias hojas. Compara las plantas de los seis bricks. ¿Presentan diferencias de altura? ¿En qué brick han crecido las plantas más altas? ¿En cuál se hallan las que tienen un follaje más desarrollado? ¿Cuáles te parecen más sanas? ¿Cuál da la sensación de ser la menos sana? ¿A qué distancia crees que deberían sembrarse las semillas?

Piensa un poquito más: ¿Han germi-
nado (brotado) todas las semillas que
sembraste? ¿Se han convertido en plantas
todos los brotes? ¿Comprendes por qué
las plantas producen tantas semillas?

EXPERIMENTO

Aventura pegajosa

Supón que eres un abrojo y que te adhieres a un conejo o perro que ha pasado junto
a ti –o tal vez a una persona–. Inventa una historia acerca de tus viajes. Puedes es-
cribirla en forma de redacción, de tira cómica, de dibujo o simplemente contársela a
alguien.

Árboles:
los gigantes del mundo de las plantas

¿Qué sería del mundo sin árboles? Muchísimo menos agradable, desde luego, pues nos perderíamos su extraordinaria belleza. En primavera y verano, las hojas forman una majestuosa copa verde, y en otoño, las hojas de muchos árboles adquieren una asombrosa tonalidad roja, anaranjada y amarilla. Incluso en invierno, las ramas desnudas y negras balanceándose al viento componen interesantes figuras sobre el fondo celeste. Y ni que decir tiene que los árboles de hoja perenne añaden un rico color verde a nuestros vecindarios durante todo el año.

Un verano sin árboles sería mucho más caluroso, además de sucio. Los árboles nos dan sombra y frescor cuando el sol aprieta. En realidad, actúan a modo de gigantescos acondicionadores de aire. Un árbol de grandes dimensiones podría bombear hasta 900 litros de agua del suelo en un día cálido, es decir, la suficiente para llenar cuatro veces la bañera de tu casa. Una parte del agua se evapora a través de las hojas y enfría el aire. Por otro lado, los árboles también se encargan de limpiarlo. En efecto, absorben el dióxido de carbono (tóxico para el ser humano) y lo utilizan para elaborar nutrientes.

Un mundo sin árboles dejaría a muchos animales sin casa y sin alimentos. Las aves, los animales pequeños tales como las ardillas y los ratones, y muchas clases de insectos construyen sus refugios en los árboles. Todas y cada una de las partes del árbol (frutos, bayas, hojas, corteza) proporcionan alimento para alguna criatura viviente.

Los árboles cubren alrededor de una tercera parte de la superficie terrestre. Son las plantas más grandes del planeta, así como también las más antiguas. A decir verdad, estos gigantes viven muchísimo más que nosotros. Ningún humano ha superado jamás los 117 años, pero los árboles viven durante siglos, y algunos incluso durante milenios.

Al igual que otras muchas plantas, los árboles crecen a partir de las semillas. Sus raíces se hunden más y más en el suelo, buscando agua y evitando así que el árbol pueda caerse. En general, las raíces de los árboles suelen expandirse tanto bajo tierra como las ramas lo hacen en el aire.

Los tallos de los árboles son diferentes de los de las demás plantas. Al término de cada estación de crecimiento, los tallos verdes mueren, pero los auténticos tallos de los árboles, que habitualmente se llaman «troncos», continúan creciendo de año en año. Echa un vistazo en tu vecindario para ver si recientemente han cortado algún árbol de gran tamaño. Puedes saber cómo crecen los árboles observando la superficie plana del tocón.

En el exterior del tronco hay un estrato áspero llamado «corteza» que protege las partes tiernas del árbol que se están desarrollando. Justo debajo de la corteza se sitúa el «cámbium», donde crece el tronco. El cámbium transporta los nutrientes elaborados por las hojas a todas las partes del árbol. En primavera, cuando el árbol crece más deprisa, la nueva madera que se forma tiene un color pálido, mientras que al término de la estación de crecimiento, cuando crece más lentamente, la nueva madera es más oscura. La anilla de madera pálida y oscura indica un año en el desarrollo del árbol.

El siguiente estrato a partir del cámbium se denomina «líber», que transporta agua y minerales desde las raíces hasta el resto del árbol. Dependiendo de la antigüedad del árbol, el líber mostrará más o menos anillas de crecimiento. En el centro neurálgico del árbol existe un núcleo muerto y duro llamado «médula», cuya función no consiste en transportar alimentos ni agua, sino reforzar el árbol.

Cada año, una parte del líber más próximo a la médula se convierte en médula, fortaleciendo y haciendo más grueso el núcleo del árbol. La anilla que forma el cámbium se transforma en la anilla exterior del líber, apareciendo un nuevo estrato de cámbium. Los humanos dejan de crecer alrededor de los dieciocho años, pero los árboles siguen creciendo y creciendo, y añadiendo anillas a su tronco durante toda su vida.

EL ÁRBOL VIVO MÁS ANTIGUO DEL MUNDO Al árbol vivo más antiguo del mundo se le conoce con el sobrenombre de «Matusalén», en honor al personaje bíblico que vivió más años. Es un pino *bristlecone*, un pequeño y retorcido arbolito que crece en las Montañas Blancas de California. Tiene más de 4.600 años de antigüedad. A principios de la década de 1960, había otro ejemplar más antiguo, también en California: tenía 4.900 años, pero... ¡fue talado con una sierra mecánica para comprobar qué edad tenía! Te preguntarás cómo se puede datar un árbol sin talarlo. Quienes estudian los árboles utilizan una diminuta broca para practicar un orificio en el centro del tronco. Luego, extraen un poco de madera y cuentan las anillas.

❊ EL BANIANO LO HACE AL REVÉS Siempre esperamos que un árbol eche raíces en el suelo y crezca hacia arriba, pero el baniano de la India lo hace al revés. Sus raíces nacen en las ramas y descienden hasta el suelo, donde forman unas estructuras robustas y leñosas similares a los troncos. Las ramas del baniano no paran de crecer y de enviar más y más raíces al suelo. Algunos de los ejemplares de mayor tamaño tienen más de 350 raíces, hasta el punto de que un solo árbol parece un pequeño bosque.

❀ EL ORGANISMO VIVO MÁS GRANDE DE LA TIERRA   El organismo vivo más grande de la Tierra no es el elefante, ni tampoco la ballena, sino la sequoia de California que se conoce con el sobrenombre de «general Sherman». Su tronco mide más de 24 m de circunferencia, es decir, que se necesitan más de treinta niños cogidos de la mano para rodearlo, y tiene una masa aproximada de 2.000 toneladas. Hay madera suficiente para construir alrededor de cuarenta casas... ¡o para fabricar 5.000 millones de cerillas!

EXPERIMENTO

Tu árbol especial

Cerca de donde vives existe un árbol que está a punto de convertirse en «tu árbol» durante un año entero. Tal vez puedas verlo desde la ventana del dormitorio o quizá pases junto a él de camino a la escuela o a casa de un amigo. Obsérvalo detenidamente desde hoy mismo. He aquí algunas ideas para empezar.

Material necesario

Bloc de notas u hoja de papel

Procedimiento

1. Intenta saber de qué especie se trata. Pregúntalo a su propietario o búscalo en algún libro sobre árboles en la biblioteca. Bautízalo con un nombre especial.

2. Realiza algunos esbozos del árbol o fotografíalo. ¿Qué aspecto tiene en invierno? ¿Y en verano?

3. ¿Qué tipo de hojas tiene? Recoge una hoja (¡sólo una!) en primavera, verano y otoño, y prénsala (véase p. 45). ¿Qué clase de semillas tiene? Recoge unas cuantas semillas que hayan caído al suelo.

4. Mide el árbol. ¿Cuánto mide su circunferencia? (Utiliza una cinta métrica o mídelo con un abrazo: ¿eres capaz de rodearlo?) ¿Qué altura tiene? ¿Es más alto que tú? ¿Más que una casa de dos pisos? (véase p. 90; cómo medir la altura de un árbol).

5. ¿Lo visitan las aves y otros animales? ¿De qué especie? ¿Dónde suelen posarse? ¿Han construido algún nido en el árbol?

6. ¿Hay insectos en el tronco y en las hojas? ¿Sabes de qué especie son? (Consulta algún manual en la biblioteca para descubrirlo.)

7. Anota en el bloc los grandes hitos en la vida de tu árbol. ¿Qué día descubriste que las ramas habían brotado? ¿Qué día empezaron a caerse las hojas (si se trata de un árbol de hoja caduca)? ¿Cuándo quedaron totalmente desnudas sus ramas? ¿Se han producido grandes tormentas que hayan afectado al árbol, cubriéndolo de escarcha, inclinándolo y balanceándolo o arrancándole algunas de sus ramas?

EXPERIMENTO

¿Qué altura tiene ese árbol?

No necesitas llevar una cinta métrica para medir la altura de un árbol. Veamos un método con el que podrás medir árboles y cualquier otra cosa.

Material necesario

Compañero que te ayude
Lápiz
Cinta métrica o regla

Procedimiento

1. Busca un árbol alto que esté situado en un terreno relativamente llano.

2. Retrocede unos cuantos pasos hasta que estés más alejado del árbol de lo que lo está la base de la copa, es decir, de manera que si estuviera tumbado en el suelo no te alcanzara.

3. Pide a tu compañero que se coloque de pie junto al árbol (ilustración 1).

4. Sostén un lápiz vertical tal y como se indica en la ilustración 1. Sujétalo casi por el extremo inferior. Cierra un ojo y sostén el lápiz hasta que quede alineado con el árbol.

5. Desplázate adelante y atrás hasta que la parte del lápiz situada por encima del pulgar parezca tan alta como el árbol.

ILUSTRACIÓN 1

6. Con cuidado, abate el lápiz manteniendo el pulgar alineado con el tronco del árbol. Ahora, el lápiz debería estar paralelo al suelo (ilustración 2).

7. Pide a tu compañero que camine alejándose del árbol. Te dará la sensación de que está andando sobre el lápiz. Dile que se detenga cuando esté alineado con el extremo del lápiz.

8. Mide la distancia desde la base del árbol hasta el lugar en el que tu compañero está de pie. Ésta será aproximadamente la altura del árbol.

ILUSTRACIÓN 2

EXPERIMENTO

Los tocones narran una historia

Si encuentras un tocón de árbol seco, puedes obtener un calco que te indicará cuál es la historia de la vida del árbol.

Material necesario

Papel de calco, papel de impresora
   o cualquier otro tipo de papel
   que sea lo bastante grande
   para cubrir el tronco del árbol
Chinchetas
Carboncillo (cómpralo en una tienda
   de bellas artes)

Procedimiento

1. Extiende el papel sobre el tocón, sujétalo con chinchetas y asegúrate de que no se mueve.
2. Usa el lateral de un carboncillo para frotar el papel. Hazlo en una sola dirección.
3. Pronto aparecerán las anillas del árbol y otras marcas. Cuando estés satisfecho con el resultado, quita las chinchetas y retira la hoja de papel.
4. A continuación, señala el centro del tocón en el dibujo y cuenta el número de anillas y marcas por períodos de diez años. (Si alguna marca no se aprecia bien en el dibujo, verifícala en el tocón.)

¿Qué deberías observar para conocer la historia del árbol?

1. El número de anillas te indica la edad que tenía el árbol cuando lo talaron. (Si también conoces cuándo lo talaron, puedes calcular cuándo empezó a crecer. ¿Puedes distinguir el año de su nacimiento en las anillas del árbol?)
2. Observa las anillas de crecimiento. ¿Son más anchas que de costumbre algunas de ellas? Es probable que fuesen años muy lluviosos. ¿Son muy estrechas otras anillas? Sin duda fueron años secos.
3. ¿Crecía uniformemente en todas la direcciones? Si lo hacía más hacia un lado que hacia otro, ¿sabes por qué? Por ejemplo, ¿había un edificio u otro árbol muy cerca?

4. Si el árbol es viejo, podría ser interesante descubrir cómo eran las cosas cuando empezó a crecer. Tal vez ahora esté en el centro de la ciudad, pero veinticinco o cincuenta años atrás es posible que estuviera en un campo o un bosque. Intenta averiguarlo.

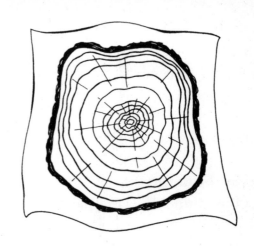

Calcos de corteza

Material necesario

Hojas finas de papel blanco
Ceras
Cinta adhesiva

Procedimiento

1. Busca un árbol con marcas atractivas en la corteza. (¡Podría ser tu árbol «adoptado»!)
2. Sujeta el papel al árbol con cinta adhesiva.
3. Retira el papel que envuelve el lápiz a la cera y frótalo de lado sobre la hoja de papel hasta que se aprecien con claridad las marcas de la corteza.

Índice de experimentos